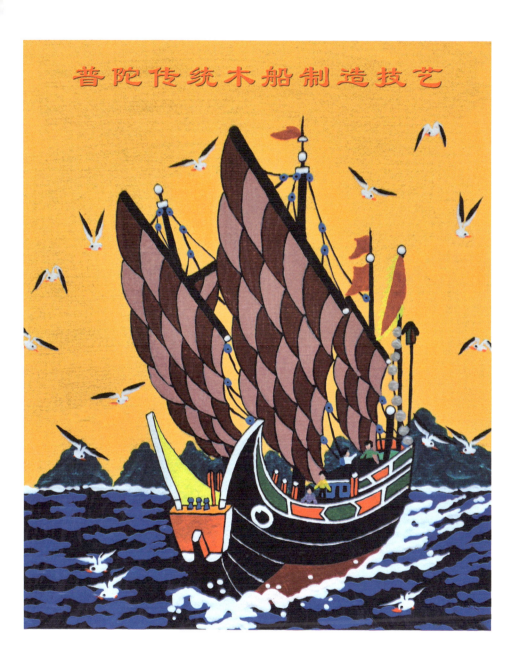

普陀传统木船制造技艺

普陀传统木船制造技艺

总主编 杨建新

浙江省非物质文化遗产代表作丛书

浙江摄影出版社

忻怡 郑明 主编

总　序

浙江省人民政府省长　夏宝龙

　　非物质文化遗产是人类历史文明的宝贵记忆，是民族精神文化的显著标识，也是人民群众非凡创造力的重要结晶。保护和传承好非物质文化遗产，对于建设中华民族共同的精神家园、继承和弘扬中华民族优秀传统文化、实现人类文明延续具有重要意义。

　　浙江作为华夏文明的发祥地之一，人杰地灵，人文荟萃，创造了悠久璀璨的历史文化，既有珍贵的物质文化遗产，也有同样值得珍视的非物质文化遗产。她们博大精深，丰富多彩，形式多样，蔚为壮观，千百年来薪火相传，生生不息。这些非物质文化遗产是浙江源远流长的优秀历史文化的积淀，是浙江人民引以自豪的宝贵文化财富，彰显了浙江地域文化、精神内涵和道德传统，在中华优秀历史文明中熠熠生辉。

　　人民创造非物质文化遗产，非物质文化遗产属于人民。为传承我们的文化血脉，维护共有的精神家园，造福子孙后代，我们有责任进一步保护好、传承好、弘扬好非物质文化遗产。这不仅是一种文化自觉，是对人民文化创造者的尊重，更是我们必须担当和完成好的历史使命。对我省列入国家级非物质文化遗产保护名录的项目一项一册，编纂"浙江省非物质文化遗产代表作丛书"，就是履行保护传承使命的具体实践，功在当代，惠及后世，有利于群众了解过去，以史为鉴，对优秀传统文化更加自珍、自爱、自觉；有利于我们面向未来，砥砺勇气，以自强不息的精神，加快富民强省的步伐。

党的十七届六中全会指出，要建设优秀传统文化传承体系，维护民族文化基本元素，抓好非物质文化遗产保护传承，共同弘扬中华优秀传统文化，建设中华民族共有的精神家园。这为非物质文化遗产保护工作指明了方向。我们要按照"保护为主、抢救第一、合理利用、传承发展"的方针，继续推动浙江非物质文化遗产保护事业，与社会各方共同努力，传承好、弘扬好我省非物质文化遗产，为增强浙江文化软实力、推动浙江文化大发展大繁荣作出贡献！

前 言

浙江省文化厅厅长 杨建新

　　"浙江省非物质文化遗产代表作丛书"的第二辑共计八十五册即将带着墨香陆续呈现在读者的面前，这些被列入第二批国家级非物质文化遗产保护名录的项目，以更加丰富厚重而又缤纷多彩的面目，再一次把先人们创造而需要由我们来加以传承的非物质文化遗产集中展示出来。作为"非遗"保护工作者和丛书的编写者，我们在惊叹于老祖宗留下的文化遗产之精美博大的同时，不由得感受到我们肩头所担负的使命和责任。相信所有的读者看了之后，也都会生出同我们一样的情感。

　　非物质文化遗产不同于皇家经典、宫廷器物，也有别于古迹遗存、历史文献。它以非物质的状态存在，源自于人民的生活和创造，在漫长的历史进程中传承流变，根植于市井田间，融入百姓起居，是它的显著特点。因而非物质文化遗产是生活的文化，百姓的文化，世俗的文化。正是这种与人民群众血肉相连的文化，成为中华传统文化的根脉和源泉，成为炎黄子孙的心灵归宿和精神家园。

新世纪以来，在国家文化部的统一部署下，在浙江省委、省政府的支持、重视下，浙江的文化工作者们已经为抢救和保护非物质文化遗产做出了巨大的努力，并且取得了丰硕的成果和令人瞩目的业绩。其中，在国务院先后公布的三批国家级非物质文化遗产名录中，浙江省的"国遗"项目数均名列各省区第一，蝉联三连冠。这是浙江的荣耀，但也是浙江的压力。以更加出色的工作，努力把优秀的非物质文化遗产保护好、传承好、利用好，是我们和所有当代人的历史重任。

编纂出版"浙江省非物质文化遗产代表作丛书"，是浙江省文化厅会同财政厅共同实施的一项文化工程，也是我省加强国家级非物质文化遗产项目保护工作的具体举措之一。旨在通过抢救性的记录整理和出版传播,扩大影响,营造氛围,普及"非遗"知识,增强文化自信,激发全社会的关注和保护意识。这项工程计划将所有列入国家级非物质文化遗产保护名录的项目逐一编纂成书,形成系列,每一册书介绍一个项目,从自然环境、起源发端、历史沿革、艺术表现、传承谱系、文化特征、保护方式等予以全景全息式的纪录和反映,力求科学准确,图文并茂。丛书以国家公布的"非遗"保护名录为依据,每一批项目编成一辑,陆续出版。本辑丛书出版之后,第三辑丛书五十八册也将于"十二五"期间成书。这不仅是一项填补浙江民间文化历史空白的创举,也是一项传承文脉、造福子孙的善举,更是一项需要无数人持久地付出劳动的壮举。

在丛书的编写过程中,无数的"非遗"保护工作者和专家学者们为之付出了巨大的心力,对此,我们感同身受。在本辑丛书行将出版之际，谨向他们致上深深的鞠躬。我们相信，这将是一件功德无量的大好事。可以预期，这套丛书的出版，将是一次前所未有的对浙江非物质文化遗产资源全面而盛大的疏理和展示，它不但可以为浙江文化宝库增添独特的财富，也将为各地区域发展树立一个醒目的文化标志。

时至今日，人们越来越清醒地认识到，由于"非遗"资源的无比丰富，也因为在城市化、工业化的演进中，众多"非遗"项目仍然面临岌岌可危的境地，抢救和保护的重任丝毫容不得我们有半点的懈怠，责任将驱使着我们一路前行。随着时间的推移，我们工作的意义将更加深远，我们工作的价值将不断彰显。

2012年5月

目录

木帆船既是人类从陆地走向海洋、征服大海的工具，也是勤劳勇敢的先民们智慧的结晶。从公元前两千多年前黄帝时期的"共鼓货狄，刳木为舟，剡木为楫，以济不通"（《通鉴前编外记》）到周代的东海"多渔盐之利"（《史记》），据此推断，周朝已有海上捕鱼和运盐的船只。历代劳动人民通过造船实践，对造船原理和技艺作出了许多贡献，例如《易经》所释"利海大川，乘木舟虚也，舟虚则无沉复之患"，说明远在周成王时期已注意到船利用浮力的特征。东汉时，刘熙所著《释名》一书中，已有帆、橹和舵的说明。在唐朝初期，水密隔舱、船尾舵和橹等我国古代造船重大发明都已普遍使用。明代的造船已有篷帆、木作、铁作、捻缝等作坊，具有一定的专业分工，而且向大型化、规模化发展。这些科学、技术、工艺技能的掌握和应用，对我国海洋木帆船的发展带来了深刻的影响，大大推进了木帆船制造业的繁荣。

舟山渔场是享誉世界的大渔场，沈家门渔港面临东海，素有"中国渔都"、"舟楫故里"之称。每当渔汛季节时，来自全国各地的渔船云集，给舟山的造船业带来了巨大的发展机遇。悠久的造船历史，得天独厚的地理环境，精湛的造船技艺，使普陀无可争议地成为我国修船、造船的集聚地和舟船文化的中心。

中华传统木帆船在征服大海的过程中有着不可替代的地位。而木帆船的建造工艺则是千百年来劳动人民在长期的生产和劳动实践中创造出来的。它的文化内涵和文化价值同其他非物质文化遗产一样，都是我们宝贵的财富。通过木帆船船型的更替和造船历史的研究，可以为船舶发生和发展的历史提供有力的佐证。如普陀"绿眉毛"号就是中国古代四大著名海洋木帆船之一的"鸟船"，这种船的特征是它的船头高高翘起，宛如一只鸟头，这一现象与古代吴越地区的太阳鸟文化崇拜有关。同时，我们也可以由此了解我国特定地域渔业的发展史。从背舢板、小对船、流网船、大对船、大捕船、小钓船、打洋船、机帆船直至现代的机动化大渔轮，每一类型的船舶都见证了某个历史阶段，且与渔民的生产和生活方式都有密切的关系。

　　另一方面，通过对造船过程中雕刻造型及手工技艺的研究，可以解读当地民俗学和美学的发展水平及文化的生存状态，如船头画和船上美术绘画工艺是渔民画的雏形和渊源，船上各部位精湛的手工雕刻也无不体现了当地手工艺的发展水平，它们都是我们灿烂的文化遗产。

　　木船制造技艺是一种在特定的经济和文化环境下产生的民间手工技艺，随着时代的发展和人们生活方式的改变，它必然会遇到种种挑战。因此，木船制造业随着渔业作业生产方式的改变，在木质渔船逐步改造为钢质渔轮的过程中，传统的手工木船制作技艺几近失传。但在舟山普陀有一家历经百年，曾建造过千艘木船并有着高超造船工艺的岑氏木船作坊，抱着坚守祖业的理念，奇迹般地留存了下来。

　　保护和传承具有鲜明海洋特色的木船制造工艺这项非物质文化遗产，已成为弘扬海洋文化的重要课题。为保留人们在征服海洋的历史进程中起到过重大作用的木帆船，近年来，舟山市普陀区人民政府十分重视木帆船文化并组织开展了一系列活动：2003年，普陀区朱家尖镇政府委托岑氏木船作坊打造了现今我国最大的仿古木帆船"绿眉毛·朱家尖"号，数次扬帆出访沿海城市，参加韩国丽水国际帆船节，并于2006

年11月与瑞典"哥德堡"号在沈家门渔港进行跨越时空的中西舟船历史文化对话。目前，普陀还拥有仿古船"鉴真"号、"鹿鼎记"号、"桃花岛"号、"黄药师"号以及普大捕1号船、普大钓2号船、普打洋3号船等八艘仿古木帆船组成的船队，在普陀区中国沈家门渔港民间民俗大会等重大节庆活动中，发挥了重要的作用，而岑氏木船作坊也由此迎来了新的历史发展机遇。2008年5月，普陀传统木船制造技艺被列入第二批国家级非物质文化遗产保护名录。2010年12月，岑氏木船作坊被文化部确定为传统木船制造技艺的传承保护单位。

从中央到地方各级政府大力启动的"非遗"保护工作，其重要意义在于应对现代经济社会发展对民族文化遗产的冲击和挑战，力求维系中华民族传统文化的珍贵记忆，从而使非物质文化遗产成为各个地方的文化软实力。从这一意义上来说，普陀木船制造技艺这一中华民族优秀的海洋文化奇葩，必定以它独特的魅力，在博大精深的民族民间艺术大花园中继续放射出绚丽迷人的光彩。

舟山市普陀区非物质文化遗产保护中心主任　忻怡

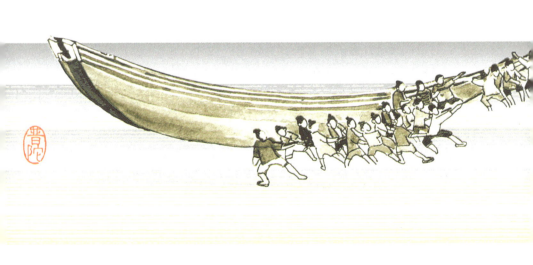

中国与浙江舟船史源

我国舟船起源大约经历了近八千年的历程，浙江自古至今始终是中国重要和著名的造船产业基地。浙江鸟船是中国古代传统海船四种著名船型系列之一，是宝贵的物质文化遗产。普陀传统木船制造技艺则是经历千百年大海远洋的考验，发挥悠久灿烂的中华舟船科学技术与艺术特色的非物质文化遗产结晶。

中国与浙江舟船史源

我国是一个历史悠久的文明古国，舟船的产生年代十分久远。据史书记载，我国水上运货、载人、渔猎生产所用工具最早出现的是皮筏、竹筏、木筏及独木舟等，后演进到舟(船)，有一个相当悠长的探索、实践和演变过程。

[壹]中国古代舟船历史

一、中国古代舟船发展的七个阶段

追溯我国舟船起源史，虽然在旧石器时代晚期开始就有独木舟，但直到进入新石器时代才加速发展。从古今出版的各种史志记载证实，我国舟船起源大约经历了近八千年历程，具体可划分为七个阶段：

1.中华独木舟起源于新石器时代（公元前60世纪）；

2.中华木板船与风帆船产生于商代（公元前16世纪前后）；

3.中华舟船技术于春秋战国时期奠基（公元前7世纪至公元前4世纪）；

4.中华舟船技术发展于秦、汉、晋、南北朝时期（公元前3世纪至公元5世纪）；

5.中华帆船技艺成熟于隋、唐、宋朝时期(公元6世纪至13世纪);

6.元朝、明朝前期中华帆船技艺高度成熟,并领先天下(公元14世纪至16世纪);

7.明朝后期、清朝时期中华帆船技艺停滞并逐渐衰落(公元17世纪至19世纪)。

二、中国古代造船的"六大科技发明"

我国古代舟船制造业曾长期领先世界各国,造船科技对世界有比较大的影响,于明代达到鼎盛,以技艺领先与舟船大型化、造船规模化相结合而著称于世。"六大科技发明"具体项目及领先世界的时间见下表。

中国古代造船的"六大科技发明"项目表

序号	造船科技发明项目	中国发明与应用 大致年代	外国应用大致年代
1	于摇橹(推进技术)	汉代,1世纪	17世纪至18世纪
2	船尾舵(操纵技术)	汉代,1世纪至2世纪	12世纪至13世纪
3	水密隔舱(结构技术)	晋代,3世纪至4世纪	18世纪
4	桨轮(推进技术)	唐代,7世纪至8世纪	16世纪
5	船用指南针(导航技术)	宋代,10世纪至11世纪	12世纪至13世纪
6	舰载火铳(配套技术)	明代,13世纪至14世纪	15世纪

1955年广州出土的东汉陶质船模尾部已有舵

泉州出土的宋代海船残体中清晰显示多道水密隔

史书中绘制的东晋车轮
舟示意图明显可见舷侧之
"轮"

明代海船中的八橹船,有风
时仅四橹入水或收橹依风
行驶

中国国家博物馆收藏的明
代水罗盘的复制品

三、中国古代传统海船的四种著名船型

中华传统帆船历史悠久，以其船楼外形线型尺度比例、桅桁缭索帆装舵锚属具、全木隔舱结构钉捻工艺、民俗内设外雕绘饰色彩等四项特征，傲立于世界帆船发展前列。中华传统帆船被西方称为Junk（有译为"容客船"），有别于欧洲以及埃及、阿拉伯、印度等国家和地区的古代帆船。

一般认为中华传统帆船包含：沙船、浙船（鸟船）、福船和广船四种船型系列。分别航行在黄海、渤海、东海、南海等中国传统海域与江河，并进入各大洋与世界各国共同构建海上丝瓷之路。

沙船特点：平底，方艏，方艉，甲板宽平，适于载货，多桅矩形帆篷。有多道横向水密舱壁，与底板、舷板等构成坚固的船体结构。一般采用舷侧披水板以提高航向稳定性及抗风适航性。舷外绘饰较朴素。适于在长江以北沿岸海域航行，部分沙船承担漕运功能，可海河通航，明清之际常往来于中日之间。

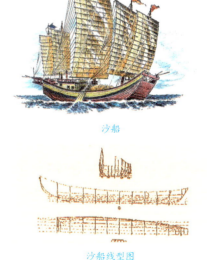

沙船

沙船线型图

浙船特点：尖圆底，艏艉两头微翘，艏部尖瘦呈鸟嘴状，艉出艄，可升降舵板。有纵通龙骨、多道横向水密隔舱、多道纵向大筋等构成坚固的船体结构。一般采用三桅、扇形布帆或矩形竹篷。艏艉都有民俗彩绘，舷前部雕饰龙目或鱼眼，其上加饰绿色漆带，俗称"绿眉毛"者，为其中的优秀海船，适于在东海海域航行。

浙船

浙船线型图

福船特点：尖底，艏艉两头翘，小方艏，宽平艉，艉出艄，斜平板舵。有纵通龙骨、多道横向水密隔舱、多道纵向大筋等构成坚固的船体结构。一般采用三桅、扇形布帆或矩形竹篷。艏艉彩绘艳丽，色彩鲜明，俗称"花屁股"者，为其中的优秀海船，适于在东海及南海海域或出洋航行。

广船特点：尖底，小方艏，宽

福船"花屁股"

平艍，带艉楼，艉出艄，用带孔平衡舵。有纵通厚重龙骨、多道横向水密隔舱、多道纵向"大拉"等，并采用热带产优良木材，构成坚强耐腐船体结构。一般采用三桅、宽底边扇形帆。艏艉彩绘富有岑南民俗特色的图案，部分船艏部漆成红色，俗称"红头船"，属广船特有标志，适于在广阔的南海及大洋中航行。

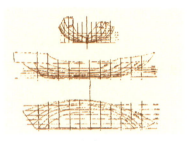

福船线型图

20世纪中期，中华传统木船逐步退出渔业航运舞台，但在20世纪后期及21世纪，四种船型在全国各地先后仿造过，有的还出口到法国、美国、日本、韩国、新加坡等国；有的至今还以中华传统海洋文化形象活跃在舟山、香港等沿海港城。

广船

广船线型图

浙江自古至今始终是中国重要和著名的造船产业基地。浙江鸟船是中国古代传统海船四种著名船型系列之一，是宝贵的物质文化遗产。普陀传统木船制造技艺则是经历千百年大海远洋的考验，发挥悠久灿烂的中华舟船科学技术与艺术特色的非物质文化遗产结晶。

[贰]浙江及舟山木船制造业的兴衰

浙江海岸线漫长，岛屿毗连；陆域湖塘密布，江河纵横。先民滨水而居，擅于刳木为舟，剡木为楫。出土的萧山跨湖桥独木舟表明，八千年前，浙江先民已能制造独木舟；余姚河姆渡遗址出土的木桨、陶舟和深海鱼骨充分显示出，七千多年前，浙江先民已开始驾舟下海捕鱼。约五千多年前，他们划舟跨海定居海岛，把造船等文明传至舟山。两千多年前"于越献舟"，说明浙江已经能够制造高质量的船，并作为礼物贡献到中原。春秋时期的越国设有专管造船的官署，已能较大规模地建造戈船、楼船、轻舟、扁舟等战船。当时越吴两国均为"不可一日废舟楫"的国家。当时的造船场坊，越称"舟室"，吴曰"船官"。

秦汉之际，造船及航海技术已达较高水平。秦时徐福东渡，五千童男童女乘楼船入海。及至西汉，《太平御览》称楼船"舡上起室"，海船之巨，令人惊叹。汉代浙江所造的大船已长二十余丈，能载六七百人。六朝时浙江温州曾是三国孙吴造船业最发达的地区之一，官营和民营造船业均相当发达。五代吴、赵国时，杭州、赵州、台州、括州（今丽水）等地都是造船基地。

到宋代，浙江的造船业突飞猛进。为浙船建造中心之一的明州

（今宁波），年造船产量十分可观。真宗天禧年间（1017—1021），明州每年造船一百七十七艘，到哲宗元祐五年（1090年），明州官船场年造船达六百艘。官方出使所用大船，或在明州打造，或经明州装饰后出海。如元丰元年（1078年），神宗派安焘、陈睦出使高丽，所乘"凌虚致远"、"灵白顺济"两艘大船即打造于明州。徽宗宣和五年(1123年)，路允迪、傅墨卿出使高丽，所乘的两艘庞大"神舟"也在明州打造，两巨船到达高丽时，其高大精致引起"倾国耸观，欢呼嘉叹"。此时浙江是全国的造船中心，造船数量居全国官营船场之首。除官船场外，民间造船亦甚盛。理宗开庆时，拥有民船总计七千九百艘。中国古代造船六大科技发明中前五项如手摇橹、船尾舵、水密隔舱、桨轮、船用指南针，在此期间都已成形。元代浙江建造大批粮船参加海上漕运，还建造不少战船供渡海出征，所造的船更有直达地中海沿岸和东非海岸的。

　　明初实行"海禁"政策，根据"太祖旧制"，"深严双桅船只私自下海"，务求"片板不许下海"。因而海船制造业受到沉重打击。永乐后造船业始有复苏。永乐年间，浙江为郑和下西洋船队新建和改建了许多船只。嘉靖、万历年间，浙东地区主要以建造备倭水军所需战船为主。嘉靖、隆庆年间舟山巡洋大小战船二百余艘。到万历十九年(1591年)，因浙江巡抚注重军备扩充，全浙备倭大小战船有一千一百零六艘。这些战船大多在浙东船场建造，船型包含浙船、福船、沙船等。清朝康熙三十三至三十四年（1694—1695），浙江温州仍有官营造船场，而且选料讲究、制作规范，北方都来订造战船。后因"防海迁界"政策，也历行海禁，对造船控制极严。道光二十八年(1848年)，"诏复行海运"，中断已久的海上漕运始行恢复。光绪年间，舟山

18世纪舟山地区的一艘中国木帆兵船（威廉·亚历山大1793年来华绘制）

打造的海运船舶最大载重量达300余吨。普陀境内木质渔船已有千艘。史料充分表明，浙江有着悠久的造船历史和高超的造船技术。

　　舟山与宁波接壤，深受浙江造船文化的影响。不仅河姆渡独木舟渡海定居海岛，开创了舟山群岛舟船文化之先河，而且一千五百年前，就有了造船和修船活动。东晋末年，公元399年到411年间，孙恩、卢循率二十万农民反抗黑暗统治，起兵攻打宁波、台州等沿海一些县城，几经起伏，长达十二年之久。据说农民军曾在舟山建造战船千艘，其中有大型"八槽船"。船队长期航行海上，多次登陆占

甬江入海口停泊的清代帆船（托马斯·阿洛姆《这个古老中国的风景和社会习俗》）

20世纪初沈家门渔港内的一条木帆船（恩斯特·柏石曼《中国的建筑和宗教文化：普陀山》）

20世纪20年代沈家门渔港内的木帆船（美国天言主教马里诺尔教会档案馆老照片收藏）

领州府，还在舟山建立了休整基地，维修船队，伺机出击，给舟山群岛带来并留下了先进的造船技术。后来，随着舟山渔场的逐渐发展，浙江沿海与江苏、福建等地渔民纷至沓来，各类渔船云集，更促进造船修船业兴旺，大木师傅聚众甚多，其造船工艺和技术，得以交流融合，并一直流传至近代。民国时期，舟山打造的木质运输船载重量一般在10吨至60吨左右，最大达680吨。民国十一年（1922年），普陀有渔船一千二百七十五艘，民国十三年（1924年）达一千六百余艘，民国二十四年（1935年）增至两千一百艘，民国三十四年（1945年）发展到

三千七百艘。民国三十七年（1948年），国民党军队征集渔船军用，减至一千六百艘，这些都是木帆船。共和国初期，普陀造船业有了大发展。1950年有木帆渔船三千六百七十四艘，1956年木帆渔船改装机帆渔船成功，渔船逐步趋向中型化和机械化。1986年，普陀年增

渔船三百艘，机帆渔船总量发展至三千六百零五艘。90年代起批量发展钢质机动渔船至今，木帆渔船或机帆渔船在生产领域基本被淘汰。

浙江是中国木船制造技艺和造船产业的发源地之一，而舟山在浙江造船产业科技和手艺上都占有举足轻重的历史地位。

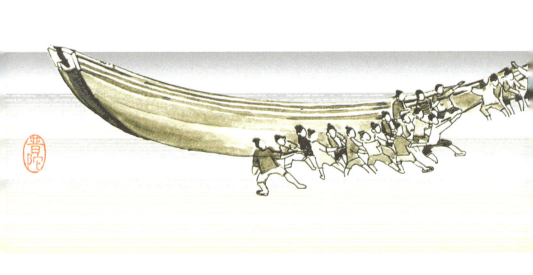

普陀传统木船的结构
与制造技艺

普陀传统木船的制造技艺较为复杂，要完成船体、骨架、桅、帆、橹等结构，须经选树、拼接龙骨、安装桅杆、铺壁壳板、油漆等四十多道工艺流程。

普陀传统木船的结构与制造技艺

[壹]舟山历代木船船型与特征

　　唐代,舟山始建制,经济社会秩序趋向稳定。在岛间港湾和海上来往航行作业的各种木帆船渐增。据史载,唐中期,舟山海域已出现漕、客、货、战、农、渔等各类木帆船。然而,根据舟山地处海岛的独特地理位置,自唐宋至20世纪50年代中期这一千余年中,基本上以海洋木帆渔船居多,其他海船较少。

　　自古以来,舟山各类木帆渔船和其他各种海船,均系传承"鸟船"(又称"浙船")之优良船型。《中国船文化》和《普陀渔船史话》高度概括了源于浙江舟山历史悠久的鸟船的构造特点。记云:鸟船,其船形最鲜明的特征是"尖头平艄,船头高翘,宽腰肚,椭圆底,由香樟、柏树等杂木为龙骨,侧板为杉木","船艏两舷左右外伸像倒挂八字,如鸟展翅飞翔故名'鸟船'。船舷两侧外拱,船艄平阔,船体坚固平稳,抗风破浪性能强劲。同时船艏左右两舷侧均装饰一对'船眼睛',比喻木龙开眼,龙腾鸟翔"。

　　古今几千年,舟山海洋木帆渔船、货船、客船等历经演变,种类繁多,规格各异,用途不同。主要有以下十六种:

1. 小对渔船

历史上最早出现的一种海洋渔船。唐宋时期逐渐定型，船长为4.5—5.5米，船宽1—1.2米，载重量0.5—1吨。元代明代曾被大批征集作战船。《明史·兵书》载，"渔船，至小每舟二人，用竹桅布帆，冲风冒浪"，"可掩不备，可哨探"或"打鱼之利"。

清代和民国时期，小对渔船逐步增大。舟山本地小对渔船种类有普通小对渔船、带角船、"下山对"、"雄鸡对"、"活水对"等，其船型与规格结构也略有差异。如带角船，形如普通小对渔船，却在船艄左右特置两只高翘船角，以比喻"木龙"之"龙角"。并在船角对进处置有船角横档，俗称"鼻头梁"（船头梁）。小对渔船船长增至7.3—7.5米，船宽1.55—1.62米，型深0.45—0.48米，载重量1.5—2吨。除本地小对渔船，还有常来舟山沈家门渔港的外地小对渔船，如台州临海的"红头对"、温州的"白底对"、宁海的"花头对"、象山和鄞县的"红旗对"与"红头对"等。外来小对渔船船型与本地相同，但规格比较大，如临海"红头对"，船长7—9米，船宽1.52—1.65米，型深0.88—1.04米，载重量2—2.5吨。象山和鄞县的"红旗对"最大，船长9—10.3米，船宽

小对渔船

1.65—2.3米，型深0.9—1.04米，载重量2.5—4.5吨。共和国初期至20世纪50年代后期，舟山本地小对渔船船长增至10—11米，船宽2—2.2米，型深1—1.04米，载重量3—3.5吨，有部分船开始装置"平鳘壳"（即船短后舱）。

小对渔船的鲜明功能与特征是：结构简单，小巧灵活，材料省，自重轻，航速快，生产适应性强，民间久传有"活络要数小对郎（船）"和"小对拘拘，吃用勿愁"之谚语。不过由于船型小，船上无遮盖和住宿条件，若遭遇大风巨浪或下雨泼水，船员生活生存常处于"吃雨淋饭，困湿舱板"、"三寸板内是娘房，三寸板外见阎王"的危险境地。

2. 中对渔船

介于小对渔船与大对渔船中间的一种渔船，清代、民国时期和共和国初期为盛。其船式及结构与小对渔船基本相同，只是船体略大于小对渔船。中对渔船一般船长9—10.2米，船宽1.6—2.28米，型深0.9—1.20米，载重量4—5吨，部分船上装置短"平鳘壳"。

中对渔船船式较多，如俗称"顶松头"、"五格档"、"六格档"及

中对渔船

"小阔头"等，其用途广乏，灵活便当，实用性强，可配中小对、中大对及张网等作业。

3. 大对渔船

系明代后期至清初，为舟山、宁波、鄞县等地区独有的一种渔船，是在中小对渔船基础上逐步扩大拓宽改造而形成，为舟山乃至浙江沿海海洋渔船中分布最广、数量最多、使用年代最长的一种重点骨干渔船。自清代始，合作拼对的两艘大对渔船虽船型一样，但船体不完全相同，一艘船身较长，甲板宽一些，船后舱面"平鳖壳"短一点，承担出网、收网及捞取渔获物，进行生产指挥，称为"网船"；另一艘船身稍短、甲板稍狭小而后舱"平鳖壳"稍长和稍宽一些，承担携带抛撒网纲和带网船渔绳（俗称"带偎"）及装载鱼货，称为"偎船"。

因生产生活需要，两艘船的船舱内部结构有差别。网船比偎船稍复杂一些，自艏至艉顺次设置头桅筒、头水井、二水井（装淡水

大对渔船

舱)、头舱(堆藏杂物或住宿),主桅筒、桅后舱(贮鱼或住人)、中舱(装鱼)、水舱、太平舱(亦为装水舱)、圣堂舱(住人)、包袱舱(住人)和伙食舱(又称"货舱")。偎船舱内结构较简单,自艏至艉顺序设置头桅筒、头水井、二水井、头舱(藏物或住人)、主桅筒、中一载鱼舱、中二载鱼舱、后舱(住人)、后水井,尾舱为伙食舱。

清乾隆、嘉庆年间,大对渔船船长仅7.5—11.5米,船宽2—2.2米,型深1—1.1米,载重量6—12吨。到清后期和民国中期,船长增到13.59米,船宽3.3米,型深1.26米,载重量10—15吨。共和国成立初期,这种船身短、船腰部位狭窄的大对渔船被称为"老式大对船"。20世纪50年代初始放长并扩大船体、舱面置"平鳖壳",船身长增至14—14.67米,船宽3.3—3.5米,型深1.3—1.35米,载重量11—15吨,通称为"新式大对船"。后又把软篷改为硬篷(风帆),向大捕渔船型转化而称为"改良大对船"或"大捕型大对船"。大对渔船不仅船大、航速快、跑得远、机动性和灵活性强,抗风浪安全保障性能好,船员生活条件也大为改善。素有"千万渔舟扬赭帆,海上飞驶大对船"的渔谣。

4. 小捕渔船

亦是唐宋时期出现的一种小型渔船,与小对渔船可谓是一对"孪生兄弟"。

早在明末清初的史志中就有"小捕船"、"捕艚船"和"小大捕船"的记载,是古时中小型木帆渔船的优秀典范。小捕渔船船身的长、宽和深等规格尺寸比小对渔船要大，基本上如同上述所记的"中对渔船"，大多在船后舱装有短"平鳖壳"。

由于小捕渔船系大捕渔船之原型，其船型具备船舱甲板较宽、尾舱稍短、船型较深、稳定性较好、机动灵活、单船作业和利用率高等独有功能，一般载重量5—6吨。民国时期和20世纪五六十年代其用途甚广，按不同生产作业方式称为"小大捕船"、"潮捕船"、"打桩小大捕船"、"捕鱶船"和"跃筝网船"等，同时还可与张网、对网等船拼对作业。

小捕渔船

5. 中捕渔船

又称"中捕鱶船"、"中大捕船"，也是介于小捕渔船与大捕渔船中间的一种渔船。舟山历史上，中捕渔船数量不多，主要分布于农业兼渔业地区。

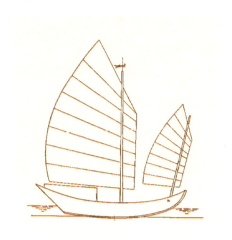

中捕渔船

中捕渔船其船形式与小捕渔船相近。据史载，清末，民国时期至共和国初期，中捕渔船，船长11.4米，船宽2.72米，型深1米，载重量7—9吨。

6. 大捕渔船

历代舟山重点渔船之一，它存续年代同大对渔船一样久长。据《鄞县史志》载，大捕渔船是在大对渔船基础上改进提高的，由小捕渔船和中捕渔船演化而成，所以其船型结构和船身形态、尺度等与大对渔船基本相同，但大捕渔船一般船尾舱都装置"鳌壳"。

大捕渔船与大对渔船的区别和自身特点：大对渔船为对船拖网作业，大捕渔船系单船张网作业。大捕渔船船体大于大对渔船，腰部较阔，舱面甲板宽大，船舱尾稍短，遇风浪时船身稳定性好，而航速比大对渔船稍慢。其艏两侧装饰船眼睛，其中画饰绿色眉毛者被称为"绿眉毛"大捕渔船。

据《舟山渔志》、《中国渔港沈家门》和《普陀渔船史话》载，宋元明时大捕渔

大捕渔船

船规格较小，船身长9.6米，船宽2.2米，型深1.1米，载重量5—6吨。到清后期至民国时期船型快速扩大。民国二十五年（1936年）浙江省水产实验场调查资料显示，船长增至15.52米，船宽3.12米，型深1.36米，载重量10—15吨。

20世纪50年代重点改进发展大捕渔船，船长达到16.5—17.1米，船宽3.1—3.6米，型深1.18—1.5米，载重量15—30吨，被称为"改良型大捕渔船"或"大捕型大对渔船"。旧时大捕渔船多为在岛周沿岸滩涂候潮汐张捕，十分劳累，故流传着"我郎命真苦，下海张大捕，上落跋泥涂，吃饭无工夫"和"活小对，呆大捕"等渔谚。

7. 流网渔船

唐中期使用小船在沿岸浅海放置流刺网捕鱼，始现流网渔船，并无一定的船型与规格。宋元明时小对渔船、小捕渔船和张网船都可替代。明末清初按流捕各种不同对象鱼类，才正式形成了小、中、大型多种流网渔船，俗称"流刺网船"。

明清至民国时期，流网渔船的船型、规格大小差异很大。清代至民国初期小型流网渔船船长7.2—8.6米，船宽1.8—2.1米，型深1—1.1米，载重量2—

流网渔船

3吨；中型流网渔船船长10.3—12.1米，船宽2—2.5米，型深1.3—1.5米，载重量8—15吨；大型流网渔船船长14.5—17.3米，船宽2.5—2.8米，型深1.4—1.6米，载重量20—30吨。

民国后期至20世纪50年代后期，据1959年编制的《浙江省海洋渔船图集》载，50年代后期小型流网渔船船长10.6—12.9米，船宽2.5—2.6米，型深1.2—1.3米，载重量9—12吨；中型流网渔船船长14.85—15.5米，船宽2.9—3米，型深1.35—1.50米，载重量20—25吨；大型流网渔船船长18.18—20.00米，船宽3.4—3.5米，型深1.5—1.6米，载重量30—35吨。

流网渔船与别的渔船不同的是：船型深，船体吃水深，艄高，后舱长，头部宽敞，舱面甲板两边斜坡度大，舱面密封性能好，遇到大风浪时，船桅放倒容易，排出海水快，便于生产操作，船的稳定性强。舟山流网渔船，特别是"金塘大流网船"曾被浙江省建设厅渔业管理处命名为"浙江省优良船型"之一。渔谚曰："流网撒遍洋，鱼蟹装满舱。"

8. 张网渔船

舟山较早出现的渔船之一。唐代从滩涂捕拾向岛周沿岸浅海捕捞演进时，渔民就使用小船在家门

张网渔船

口海域张网与撩取渔获物,即形成称谓"张网渔船"。

早期,张网渔船无一定的船型及规格结构,船身大小不一,船型多种多样,也可用小对渔船、小捕渔船等其他小渔船替代。宋元明时期所用的张网渔船,一般船身长7—8米,船宽1—1.2米,型深0.4—0.5米,载重量1—1.5吨。

清代和民国时期逐渐形成张网渔船船型。据清康熙《定海县志》记载,张网渔船船长增至9—10米,船宽1.3—1.4米,型深0.5—0.7米,载重量3—5吨,其船型仿小对渔船和小捕渔船,"V"字式艉,后舱装置短平小"鳖壳",中舱稍阔,可载渔货或网具等。

20世纪50年代后期,张网渔船船长为10.02—11.40米,船宽2.28—2.40米,型深0.8—1.1米,载重量5—8吨。

张网渔船是一种候潮水出海挂网、解网和撩取网内鱼虾的船型,劳作非常辛苦,流传着"张网渔民赶汛忙,日夜扎绳又织网;张网船儿海上漂,雨打浪泼受煎熬"的渔谚。

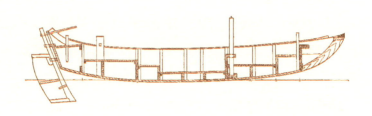

舢舨渔船

9. 舢舨渔船

为最早出现的一种小型海洋渔船。舢舨渔船的基本船型与特征：船头小而窄，船身狭长，船尾平宽，无风帆，无桅杆，无舱面密封装置，无固定的船型和规格结构，船底有扁平型与光底型，船型浅，有尖头型、方头型、圆头型、长锥型、倒挂"八"字型（"V"字型）、翘头型、平头型等。种类名称繁多，有"背对舢舨"、"拖乌贼舢舨"、"大钓舢舨"，"带角舢舨"，"红皮老鼠舢舨"、"阔头舢舨"、"鲜船舢舨"、"驳运舢舨"和"小划子舢舨"等。舢舨船普遍为橹摇和桨划，也有临时灵活装置竹桅、布帆航行的小船。

唐宋及元明时期，舢舨渔船一般长5—5.5米，船宽1.1—1.3米，型深0.4—0.5米，载重量0.5—1.5吨不等。清至民国时期有所增大，然而因实用性不同而一部分仍照原尺寸延承。由于民国期间大对渔船和大捕渔船大批改作"背对船"，背对舢舨船大量增加。

舢舨船的用途极广，素有"小小舢舨船，灵巧用途广"之说。总体上分为从事渔业生产和运载经营两大类：用于岛礁岸边拖乌贼（墨鱼），捕带鱼、撩海蜇、拖虾、捕小黄鱼、铲淡菜（贻贝）、钓鱼、张网、串网等；用于驳运，载人、供应物资和淡水等短途航载和紧急救助等。

20世纪50年代初期和中期，为适应发展背对作业又建造了大批舢舨渔船。当时船身长都在6.3—6.5米，船宽1.12—1.56米，型深

0.6—0.7米，载重量1.5—2吨。此种船，不仅古时数量庞大，如今实现机动渔船后仍在承续。

钓捕渔船

10. 钓捕渔船

分为大钓渔船、中钓渔船和小钓渔船三种。此种渔船源于闽南，明嘉靖年间福建钓捕渔船向北部浙江舟山渔场延伸作业始传入舟山、普陀。历史上福建、浙南等地每年北上来舟山渔场钓捕生产，到沈家门渔港避风，驻泊和补给的大、中、小钓渔船数量甚多，是对本地渔民影响很大的一种海洋渔船。

大、中、小三种钓船，按其钓捕方式分为"母子式钓船"与"单船钓船"两种。大钓渔船和中钓渔船，为母子式钓船，即一艘母钓船携带四只以上小钓舢舨的为大钓船；一艘母钓船携带2—3只小钓舢舨的为中钓船；单艘船钓捕作业的为小钓船。自元、明、清、民国时期到20世纪六七十年代这个漫长的历史进程里，福建与浙南来舟山及沈家门渔港的多是大钓和小钓两种钓捕渔船。20世纪50年代中后期，舟山、普陀本地引入新建了此类钓捕渔船。

大钓渔船舟山俗称"大白底"。大钓渔船属于钓捕类渔船之一。其船型特点是：艏艉高翘且艏又尖，艉更阔，中舱部位宽大，后舱置棚形"鳌壳"，中舱面甲板阔大，可放置数艘小钓舢舨，船体置有龙骨和照面板结构，皆用硬材、杉木混合结构，构造坚固，并且舵长而斜伸入船底，驾驶操作灵便，航速快，耐风浪，船只稳定性及防风浪安全性能都比较好，是福建渔民在长期实践中创造的一种性能优良的海洋渔船。

史料载，清代和民国时期大钓渔船船长14.1—15米，船宽2.3—2.75米，型深1.1—1.3米，载重量8—12吨。据1959年编制的《浙江省海洋渔船图集》载，20世纪50年代中后期该船船长增至17—18米，船宽2.8—3.3米，型深1.3—1.5米，载重量10—15吨。

小钓渔船的船型和特征与大钓渔船相同。上面讲过，与大、中钓渔船不同，它是一种单船钓捕船，不需携带小舢舨，因而后舱"鳌壳"、中舱面甲板等较大、中钓渔船略小些，整艘船体积也小。

史料显示，清代和民国时期小钓渔船船长7.7—9.5米，船宽1.6—2.0米，型深0.8—0.9米，载重量4—5吨。据1959年编印的《浙江省海洋渔船图集》载，小钓渔船船长增至11.2—13.5米，船宽2.7—3.1米，型深1.1—1.2米，载重量6—10吨。

11. 打洋渔船

俗称"打洋船"。据考证，其全名叫"福建大围罾渔船"。

打洋渔船具有独特的船式与特征：船身宽而长，结构坚固而轻盈，航行驾驶较灵活。其船体布局形态为小尖头、宽船艉，艏艉高翘，船底尖削逐渐向上放宽，船舷两侧外拱，后舱"鳖壳"，前甲板宽平，置连舱口，船舷两侧用半片原木加固，大多采用樟木、梓木等杂木为骨架，用杉木做船底，

打洋渔船

整艘船船体坚固平稳，抵御风浪性能强，航海稳定性好。据史载，打洋渔船船型构造是历史上中国四大海船之一典型的"福船"的"后代"，是一种非常优良的海洋渔船。

打洋渔船的鲜明优势是可以拖、围、钓等多种作业方式兼用，以单船拖网为多，也可携带2—4只或4—6只小舢舨进行用大网围捕或钓捕等作业。船的规格也是由小到大逐渐改进。据1959年编印的《浙江省海洋渔船图集》表述：20世纪50年代打洋渔船船长是22.5米，船宽4.6米，型深1.34米，载重量30—40吨。

民国后期至20世纪50年代，舟山渔民学习福建经验引入打洋渔船，也有利用本地的大捕渔船改装类似"福建打洋船"获得成功的。

历代以来，舟山海洋木帆渔船以小对渔船、大对渔船、大捕渔船为基础，又从岛外引进打洋渔船等其他先进木帆海船，使船型不断演进，种类较多，数量众多，船群庞大，存续久长。

12. 运销船

即"海上水产品运销船"，俗称"冰鲜船"、"鲜船"。

唐宋时的海上水产品运销船，大多以捕捞渔船为基本船型，其船体结构和规格尺寸与当时大

运销船

型渔船大体相仿。史载，宋代沿岸浅海运销船船长约10米左右，由可载重3—4吨的渔船替代，有些水产专营商虽自置运销船，但船型既不会很大，也并未专门建造。

明代，舟山实施"封海禁渔"政策，岛民遣徙，海上水产品运销船发展缓慢，除大多使用类如小、中对渔船外，也有少数船身稍大的10—15米长，载重量在15—20吨的运销船。

清代初始"海禁开放"，渔业复兴。史载，乾隆、嘉庆时期已逐步实行运销与捕捞相分离的作业方式，专业运销船便应运而生。此时船长已增至20—25米，船宽4.3—4.6米，型深1.5—2.0米，载重量30—40吨，形成大型运销船。同时，各地水产商承袭历史上形成的大型海上货运商船采用"鸟沙船"（鸟船与沙船融合而成）的船型，打造装饰出了"绿眉毛运销船"。有些史料记述：清代和民国时期

舟山、宁波等一带沿海都分别形成过多支赫赫有名的"绿眉毛冰鲜船队"。

1950年至1955年时期，海上水产品运销船均沿承民国时期的船型规格，但根据渔船生产情况做到大、中型合理调配。大型运销船长25—28米，船宽5.0—5.5米，型深2.5米，载重量40—45吨；中型船长20—26米，船宽5.2—6.4米，型深2.5—3米，载重量90吨左右。那时，运销船船型既吸取了历史上"鸟船"、"沙船"的优良构造，也参照了"福船"中有些合理的结构。其主要综合特征是：倒挂"八字型"艏，中舱宽大可贮藏冰与鲜鱼，后舱"鳖壳"高而宽敞，作船员住宿及伙食房，艉平阔供掌舵驾驶；一般均设置有头桅、中桅（主桅）加艉挂镶边，即"三道桅帆"，船形气势雄壮美观，且多有"绿眉毛"彩饰。

13. 货运船

亦称"运输船"、"海运船"，属专门承载运输物资的海上运输船。

明代以前，海上运货船普遍装运沙、石、粮、煤、盐、铁及民间生活用品等各种货物，载量不一，船型各

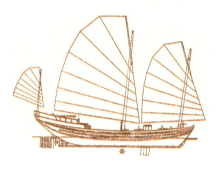

货运船（广船）

异，但总体上可分为两大类：一类是大型货运船，一类是小型货运船。据南宋开庆《四明续志》载，宋宝祐五年（1257年），小型运盐船船长有一丈以下和一丈以上两种，一般装载量为10—20吨，称"卤担船"。到清代大型运盐船船长10—12丈，船上装有2—3道桅帆，最大载重量180—200吨。

史载，舟山历史上形成的货运船就是唐宋时已名扬全国的"鸟船"，又称"浙船"、"鸟沙船"或"乌靴船"。舟山的"鸟船"大多装有三道桅帆，属大型货运船，其构造独特，航行时，"上平如衡，下侧如刃，贵其可以破浪而行也"，以往返于远海外埠为主。《中国船文化》记述："鸟船是活动于浙闽沿海的大货船。"小型货运船也有仿大捕渔船放大载货舱，以往返于本地岛际的居多。

清代，民国时期及共和国成立初期，虽然少量海运船又有所增大，因利用风帆作航行动力，最大也只有100—200吨。

14. 航船

又称"客运船"。南宋赵彦正所撰《云麓漫钞》中有"凡载行旅客之舟谓之航船"的释义。

据史料载，唐宋至清代舟山各个岛屿岙口航船埠头

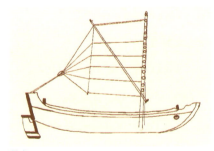

航船

众多，表明海岛通往周边市镇及岛与岛之间载客航船纷纭。航船是民间不可或缺的交通工具。古时，航船种类多而杂，船型大小不一。有的结构如货运船，有的像大捕渔船，有的利用中型大对渔船或捕䱥船。其最显著的特点是船体中舱宽大，靠艉置有可坐板凳，后舱"鳖壳"稍长、稍阔，可以避风浪雨淋。一般装置一桅帆，少数也置头桅帆。然而，其总体结构形状与渔船、货运船基本相同，采取压载，增强抗御风浪的能力和船行的稳定性，以提高安全性。

15.渡船

即"摆渡船"、"小航船"。渡船用于短途载渡人和物，因为仅限于本岛附近的各个岛间往来，比一般航船简单。

自古以来，渡船无固定船式，多由各种小船（如小对渔船、小捕渔船、张网渔船和稍大的舢板船等）替代。一般这种小船采用竹桅布帆，前舱敞开，后舱置有短"鳖壳"或帆布遮盖，艉置橹柱和小舵，以摇橹与驶篷航海，每船1—2人就可以操作。

16.官船

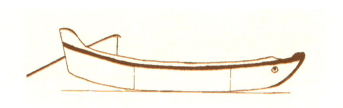

渡船

又称"公务船"。公务船范围较广，其功能为古代王朝官吏巡游视察、征纳税费、使吏出国……现代有执行渔政监督管理、渔业生产指导、公务交通等任务的船。史载，历朝历代，官船（公务船）船型结构、规格装饰、船身大小差异很大。

据北宋宣和六年（1124年），宋使臣、航海家徐兢所撰《宣和奉使高丽图经》记述，在宋政和三年（1113年）于明州（宁波）主持打造两艘官船：一曰"鼎新利涉怀远康济神舟"；一曰"循流安逸通济神舟"。"其船长十余丈，深三丈，阔二丈五尺，可载两千斛粮食。皆以全木巨舫挽叠而成，上平如衡，下侧如刃，贵其可破浪而行也。"此

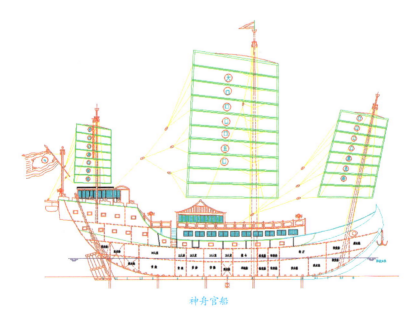

神舟官船

两艘均系宋代出使高丽之官船。

18世纪至20世纪初，英、美等西方人士在华工作期间绘制了不少中华传统木船的彩色和黑色水粉画与版画，为我国留下了宝贵的舟船图像史料。

20世纪60年代，舟山渔船逐步实现了机帆（动）化、钢质化，千余年来漫长兴盛的木帆船尤其是木帆渔

旧时，舟山海区的"绿眉毛"号货船
（威廉·亚历山大绘制）

船时代虽已过去，但它为祖国海洋渔业和整个经济社会走向繁荣昌盛，作出了不可磨灭的伟大功绩。浙江舟山海洋木帆船的重要历史地位与作为中华海洋文化传统价值的象征将与世永存。

[贰]普陀传统木船船体结构与属具

一、船体与骨架结构

（一）船体

俗称船身。包括由船壳与骨架组成的主船体和上层建筑。主船体表面是较为复杂的曲面，其线型设计主要根据航区的航道条件和船舶的用途而定，保证充分的适航性和一定的快速性，并兼顾施工的方便。构成主船体的壳板和骨架，应在满足强度要求的前提下尽可能节约建造材料。

船骨架

船壳 木船外壳板的统称。外壳板由底板、舷板、身板、厚板、前后搪浪板和甲板构成，内部由骨架支撑，是船体的基本组成部分。水密的船壳可保证船的浮性。由骨架支撑的船壳承受总纵弯曲、水压力、波浪冲击力和外部碰撞及摩擦力。因此，对材料的规格、质量、强度和建造工艺都有严格要求。如平行板料之间用钉铜拼合，板料长度不足时可用同口搭接，最后用油灰、麻绒捻缝，以保证船壳强度和水密。

底板 又称"船底"、"底壳"。它是木船底部由多块纵向板料拼合的壳板。前后略收窄，以一定的外向弧线连舷板；两端接前后搪浪板，有的两端略起翘。底板上面与横骨架下缘紧贴相接，是保证船壳水密和承受船体自重、装载重量与总纵弯曲的重要构件。

龙骨 又称"底骨"。它是大型木船夹置在底板中的纵向厚板材。承受总纵弯曲和水压力以及搁浅、擦浅时的压力与摩擦力等，对提高船舶纵向强度有重大作用。除能提高船底纵向强度的作用外，驶偏风时，可产生对船体横向漂移的阻力。

舭板 又称"转角板"、"拖泥板"。明代沈启《南船纪》称"帮底"。它是木船舭部即木船底边两侧向上转角处的一块或两三块板材拼合的纵向壳板。上连身板，下接底板，内侧紧固在横骨架上。与底板和身板连接的横剖线轮廓各成一定的交角或弧形。两端依不同船型向船纵中剖面作一定程度的收拢，与前、后搪浪板相接。舭板在船体抗纵弯曲中产生剪切应力，在近岸浅水航行或靠泊时，里舷舭板往往触及泥岸，因而要求舭板用优质木材制成，厚度一般大于身板。

身板 又称"帮板"、"旁板"。从下而上分别为拖泥、出水栈、中栈、完口栈、出脚。它是船两舷侧有若干块纵向板料拼合而成的壳板。内侧由横骨架支撑。它的横剖线常外倾或呈弧形，首、尾端依不同船型向船纵中剖面作一定程度的收拢，与前、后搪浪板相接。身板承受水压力和波浪冲击力，对保证船体局部强度、横向强度和总纵强度有很大作用。

厚板 又称"大筋"。厚板是木船两舷侧身板以上的纵向加厚半圆木。为木船壳特有的强力构件，配合横骨架，保证船体纵向强度，承受外部碰撞力，并有助于船体的稳定性和浮力。视船的大小和强度要求，平行设置一道至六道不等。通常用粗长的杉、柏、梓、楠等圆木纵剖两半，对称地分置两舷侧，圆背向外，剖面齐身板内缘，紧固在横骨架上，上缘抵舷边或上舷板，两端依不同船型向纵中剖面作一定程度的收拢上翘，与前、后搪浪板、封头板、封艄板相接。

起杆　两舷侧最大的一道厚板。一般设在满载水线处，是各道大肋中作用最大的一道。

玉肋　两舷侧最上面的厚板，即位于舷边的一道大筋。

托水（玉肋）　两舷侧最下面的一道厚板。一般是在空载水线处，对增加船体浮力和空船稳定性起作用。有的 船托水设在身板之间。

前搪浪板　俗称"斗筋"，又称"关头板"、"艏柱"。前搪浪板是艏首部下面从底板前端起，沿一定的纵曲线伸向前上方与封头板（照水板）连接，由多块板料拼合而成的横向壳板。接底板的一块板材一般稍厚。左右与两舷侧壳板相接，横向宽度依艏型不同而异。按满载水线为界，前搪浪板上下部分分别俗称为"旱搪浪"和"水搪浪"。前搪浪板承受水压力特别是波浪冲击力，是保证船体强度和水密的重要构件之一。

照水板　木船前搪浪板上面的一块横向加厚壳板。上缘齐首甲板，左右与两舷侧厚板相接。承受外部碰撞力，对保证船首强度起重要作用。

上滚头　又称"套木"。它是木船贴盖在封头板上的一块横向半圆木。起垫护封头板的作用。其上面左右各安设一根挂锚链或缆绳的短桩。

后搪浪板　俗称"艉封板"。它是木船尾部下面从底板后端起，沿一定的纵曲线伸向后上方与封艄板或断水梁连接的，由多块板料拼合而成的横向壳板。左右与两舷侧壳板相接，横向宽度依尾型不同而异。齐尾船的后搪浪板上抵封艄板，其他尾型的后搪浪板上抵后断水梁。

海底梁　后搪浪板空载水线处的一块加厚壳板。供装置下舵盘用，并能增加尾端强度。

甲板　俗称"干堂板"。它是木船舱面上沿舷弧线设置的露天壳板。下面由隔舱板和肋骨支撑，福船甲板下面还设托梁。除保证舱面水密和供操作行人外，还起到增加船身整体强度的作用。分首甲板、尾甲板和舷甲板。木质甲板驳中部舱面板也称甲板，一般是活动式的。

首甲板　俗称"铺头板"。首尖舱上面纵向或横向铺设的露天水密壳板。前接封头板，后至前货舱，左右抵舷边。是航行、靠泊、装卸、抛锚、起锚、绞缆等操作场所。

舱口围板　俗称"挺口"。各舱口四周的厚板框。高出甲板20至

30厘米。下面紧固在甲板和面梁或托梁上。用以阻止甲板上的水流入舱内，还起保证舱面纵向强度的作用。露天货舱的舱口围板上面覆有舱盖板，并刻有搁笕槽的凹口。在设楼子或拱篷的部位，舱口围板旁通常是安装楼柱或拱架的基础。

舷墙　又称"里河板"。航海木帆船两舷从首到尾装置的竖板。高1米左右，顺舷弧曲线，首、尾两端昂翘并外飘。用于挡浪和防护甲板上的人员和物品。

（二）骨架结构

骨架　是船体内用以承受各种负荷，支承壳板并保证船体强度和刚度的支架结构。主要由隔舱板、板肋骨、脚梁、面梁等横向构件组成，要求使用硬质木材。各骨架构件之间以及骨架与壳板的连接处用钉铞或螺栓紧固。

肋骨　俗称"拐子"。它是木船两舷内壁的竖立骨材。需做成与舷壁相应的弧度或用天然曲材加工。断面呈方形或长方形，外缘与两舷壳板紧贴，左右对称设置，上抵甲板，下接脚梁两端，用以加强两舷壳板的整体性，保证船体的横向强度，并支承甲板。肋骨间距视壳板厚薄、船体局部强度要求和航道条件而定。

肘梁　又称"帮肋"。某些较大的船货舱内与肋骨靠连的横向竖板。每隔两三档肋骨设置一块，左右对称，宽度不超出舱口垂线，下抵脚梁，上缘支承舷甲板和舱口围板。

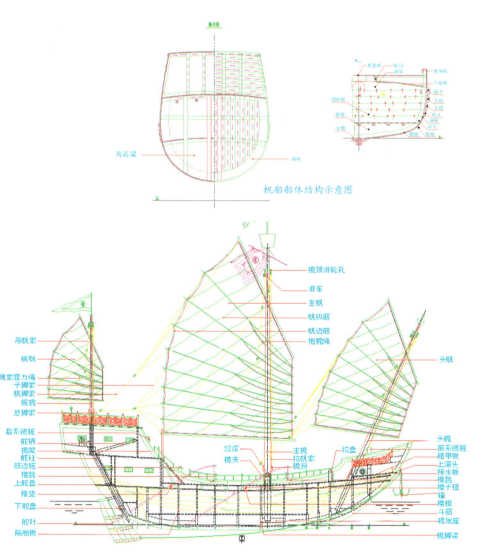

帆船船体结构示意图

帆船骨架结构示意图

脚梁　沿船宽方向紧贴底板上缘的骨材。断面呈矩形，左右两端与肋骨的下端连接，是骨架的底层基础和保证船底横向强度与局部强度的主要构件。

隔舱板　又称"满梁"、"堵板"。木船舱内由多块厚板拼合的横向竖壁。厚于底板而薄于脚梁。下抵底板或脚梁，上抵面梁或甲板，左右与两舷内壁连接。用以保证船体横向强度和抗扭曲性，支承面梁或甲板，并分隔舱室。隔舱板一般都是水密的，能承受破舱时的静水压力，增强船体的抗沉性，是中华传统木船领先创造的结构。

半隔舱板　又称"半梁"。木船货舱内的横向矮竖壁。下抵底板或脚梁，左右连接肋骨。高度为隔舱板的三分之一至二分之一，一般与两舷托水相平。顶端有的呈水平，有的中间呈下凹形，俗称"元宝榫"。半隔舱板既能适当加强船体的横向强度，又不太妨碍货物装卸、人员通行。

面梁　又称"梁头"。隔舱板上面的横向厚板梁。两端抵舷边与凹口紧固，是保证舱面横向强度的重要构件。几道面梁还分别兼有它的独特作用，如：前面梁供设置系缆桩或头桅，桅面梁固定主桅位置，舵面梁承受舵的重量，楼子下面的面梁是上层建筑的基础。

桅面梁　主桅后侧桅满梁上的一道强力面梁。在面梁朝船首方向的中点处开有凹口，称"桅门"，宽度以能穿过桅和桅夹为准。凹口的左右缘有凸榫，与桅夹的方孔吻合，以使桅夹固定。

桅脚梁　桅舱底部支承桅底座的前后两根强力脚梁。前一根俗称"对子梁"，后一根俗称"包袱梁"。比其他脚梁厚一半以上。除起脚梁作用外，还承受桅底座传递来的全部压力。

桅满梁　桅舱后隔舱壁板。下抵底板或桅脚梁，上承桅面梁，承受主桅的后倾压力，比一般隔舱壁板厚，拼合强度也要求大。大型木帆船桅满梁常用榫合法，以增加拼合强度，并加舱壁扶强材。

桅架　向后眠桅时搁置桅杆的龙门架。设置在楼子或拱篷上面。也供落帆后搁帆用。

桅底座　俗称"桅臼"。它由长方形硬杂木制成。纵向平置在桅舱下面，前后两端嵌在桅脚梁的凹槽上，下边与底板保持一定间隙，使桅根不触及底板，正面有固定根的长形槽和嵌木以及插桅夹的榫孔。桅底座是固定桅根位置的基础构件，承受桅、帆装置的垂直压力和驶风时的水平压力。

出艄　又称"挑艄"。它是某些木帆船尾甲板的延伸装置。用两根长木枋，一端对称地搭接在尾甲板两侧的后端，平伸出尾后一两米，加横桁组成框架，上铺木板。扩大船尾使用面积，供操纵尾帆、系缆、起锚或搁置杂物用。

前系缆桩　俗称"把柱"。它是插置在首面梁左右的两根粗木桩，供系缆绳和锚链。要求材料坚实。

后系缆桩　插置在尾面梁左右的两根粗木桩。参见"前系缆桩"。

舷边桩 俗称"千斤把柱"。船首、尾两侧舷边的直立木桩。下部固定在肋骨和舷甲板上。一般首、尾两侧各装置两根，用以系挽缆绳和锚链。

舱盖板 横向覆盖货舱口以隔绝雨水的木板。一般用杉木拼制，每块板宽约40—60厘米。两端扣在舱口纵围板上，每两块板之间托以筬槽。大型木船因舱口较宽，有的在舱盖板下还设活动纵向托梁。

上舵盘 俗称"舵枷"。舵面梁上固定舵柱位置的装置。在舵面梁中间开半圆孔，另用一开有半圆孔的厚板套合成圆孔，孔两侧装设铁门。

下舵盘 俗称"舵肿"。海底梁外侧固定舵柱位置的装置。梁中间开半圆孔，两侧设夹钳，后边有铁门。舵柱通过上、下两个舵盘孔，轴线即被固定，只能转动而不能移位。

二、桅

又称"桅杆"，也称"樯"。木帆船竖立于船上用于挂帆驶风的粗木杆。用顺直的圆杉木制成。因杉木质轻而富有弹性，抗折强度较好，也较耐腐蚀。桅杆木料长度不足或因故折断时，允许纵向搭接，用两三道铁箍紧固，但应尽可能选用无需搭接的长木材。桅下部两侧须削成平面以靠贴桅夹，根端做成榫状以插入桅舱的桅底座，顶部开风门或装带球的铁箍以系吊挂帆的滑车装置。中华传统海船桅也有用数根圆木绑扎而成的，明代陈侃《使琉球录》有"桅木以五小木攒之，束以铁环"的记述。我国有关桅的记载，最早见于东汉刘熙所著的《释名》一书。每艘船配备的桅数，主要根据船的大小，航区不同而有差别。桅是用于挂帆驶风的，桅太长了，就会影响船的稳定性，因而一根桅的最大载帆面积有一定的限度，当船的排水量较大时，只有增加桅数，从而增加载帆总面积，以获得必要的驶风推力。当然，桅数也受到船体水平面积的限制，不可能任意增加，因而较大的木帆船往往配置不用桅的辅帆以达到尽可能增加帆总面积的目的。

主桅　又称"大桅"，是双桅和多桅木帆船中尺度最大和起主要作用的一根桅。一般都设置在船长从后至前的十分之六处的纵中轴线上，船体"四六分舱"就是依主桅位置而定的。也有的设置在船长从后至前的十分之七处。有的单桅船桅的位置甚至还超过十分之七处。

头桅　双桅和多桅木帆船设置在首甲板中间的一根尺度

桅

比主桅小的桅。头桅在主桅前面，与主桅的最小距离，以挂帆驶风时互不干扰为度。

尾桅　多桅木帆船设置在尾部纵中线或偏侧的一根桅。尺度小于头桅。

桅尺度　木帆船桅的长度和直径。由于桅长决定着帆高，而帆高又必须使较大的帆面积和较低的风压中心这对矛盾处理得当，因此选用桅材主要着眼于长度，但同时也应尽可能使直径大些，以提高抗折强度。中华传统木帆船桅的长度，主桅通常与船长保持一定的比例，头桅、尾桅依次小于主桅。清代方以智《物理小识》记"桅之长少于舟之长五十分之一"，宋代徐兢《宣和奉使高丽图经》记"大樯高十丈，头樯高八丈"，明代宋应星《天工开物》则称"头桅尺寸不及中桅之半"，都是指当时某种船的桅长。根据上述记载归纳，中华传统木帆船的主桅长度一般为船长的0.8至等于船长，头桅长度为主桅的0.6—0.8不等，尾桅长度为主桅的0.5左右，其他小辅桅的长度又在各桅之下。

桅倾角　木帆船的桅竖起后，与船体基平面垂直线的夹角。主桅通常略后倾，倾角一般在3度以内。作用是驶偏风和打戗时，有利于主帆受风和转脚，同时便于升帆和落帆。尾桅都是后倾，倾角与主桅基本一致。头桅由于距主桅较近，为有利于主帆、头帆配合受风而不致互相干扰，并使首甲板有适当的空间供操作，因而一般都前倾较大，倾角为10—30度不等。

桅顶滑轮孔 俗称"风门"。中华传统木帆船在桅顶下面开的一个长方形的斜穿孔，并向右舷偏一定的角度，内装横轴和滑轮，供贯穿帆提头索用。现代木帆船的桅有时不开风门，而在桅顶装置一道带吊环的铁箍，以系吊滑车。

桅鼻 桅下部后边的鼻状木构件。用两道铁箍紧固于桅杆上。桅鼻有横孔，与桅夹横孔平行，供穿桅闩，以固定桅杆。竖桅和向后眠桅时，此处是桅的支点。向艏部眠桅的船，以桅根部连桅底座的铁闩为支点，没有桅鼻装置。

桅夹 又称"桅合掌"。紧贴在桅下部左右两侧的两块厚长木板。上端在桅鼻孔处有插桅闩的横孔，在桅面梁凹口处有与桅面梁凸榫吻合的方孔，下端则有方榫插入桅底座。作用是配合桅底座和桅面梁凹口固定桅杆同时便于竖桅，并加强桅竖起后的纵向强度。

三、帆

帆 又称"篷"。木帆船张挂在桅上的驶风装置。利用风对帆面的压力推船前进。

主帆 主桅悬挂的帆。双桅和多桅船的主帆尺度大于其他各帆。主帆处于船体重心的前方，驶风时起主要作用。

头帆 头桅悬挂的帆。驶风时，配合主帆以增加受风面积和降低风压中心高度，提高船的航速和稳定性。特别是在驶偏风或打戗时,有头帆配合,能使船转向灵活。驶斜逆风如突遇风力增大而船有可能倾覆时,迅速降落主帆,可以利用头帆使船转为顺风靠岸,以保安全。

尾帆 尾桅悬挂的帆。尺度小于头帆。其作用除能配合主帆、头帆增加受风面积,而并不提高帆的风压中心高度外,还能使操舵省力,提高帆船

帆

操纵的灵活性,打戗时可减小曲折航行的幅度,从而减小与其他帆船干扰的可能性,更有利于安全航行。

帆尺度 包括木帆船帆的长度、宽度与面积。帆的长度受桅高的限制,帆底边须在桅夹以上,以不妨碍驾者视线为度,顶边须低于桅顶吊帆滑车,但斜顶边帆的尖峰可高于桅顶。有的航海木帆船帆顶边斜度可达50度,尖峰甚至高出桅顶2米以上,升满帆时,可充分利用桅顶上方的部分风力。头帆、尾帆与主帆的长度比值与各桅的长度比值基本一致,即分别为0.7和0.5左右。有的地方以头帆顶

边尖峰与主帆顶边角相平为标准。帆的宽度，明代有海船"篷宽等于船身之阔"的记载。木帆船主帆宽度都大于船宽。不平衡式主帆一般为船宽的2倍左右，有的甚至达到2.5倍，原因是在帆的长度受到限制的条件下，尽可能扩大受风面积。头帆宽度一般为主帆宽度的0.5左右，尾帆为0.3左右。各帆的面积与船的满载排水量保持一定的比例关系，一般每吨载重在3—4平方米。头帆、尾帆面积与主帆面积的比值，头帆一般为0.3—0.4，尾帆一般为0.1—0.2。

硬帆　有帆竹的布帆。能更有效地利用风力，为绝大多数中华传统木帆船所采用。硬帆只是相对于软帆而言，因帆竹具有弹性，受风时帆面也略呈弧状。蒲帆、篾帆都属硬帆。

辅帆　某些航海木帆船驶风时加挂的三角形软帆。辅帆不用桅，三个角都用绳索分别牵到适当的位置，使帆面张开受风。一般在五级以下风力时使用，以尽可能增加受风面积，提高航速。按辅帆张挂的位置，有以下不同的名称：（1）挂在主帆或头帆一侧的，称"外挑"；（2）挂在主帆底下的，称"坐裙"；（3）挂在主桅顶部与头帆顶部之间的，称"天桥"；（4）斜挂在头桅上部与船头伸杆之间的，称"前插花"；（5）斜挂在主桅上部与船尾部之间的，称"后插花"；（6）斜挂在主桅上部与船首部之间的，称"耳捂"。除"外挑"与"坐裙"用于驶顺风外，其余都在驶偏风时适当张挂。

野狐帆　又称"头巾顶"。古代船桅顶部的辅帆。宋代徐兢著

《宣和奉使高丽图经》记载："大樯之巅，更加小驲（帆）十幅，谓之野狐帆，风息则用之。"指在风力微弱时，利用野狐帆驶风前进。

帆纵筋 竖向裹缝在帆面上的若干道棕绳。一般间距为40厘米。用以加强帆的垂直强度。

帆边筋 又称"帆网索"。镶缝在帆四边，用以加强帆的抗拉强度和固定帆竹位置的绳索。一般用棕绳镶缝。四边外侧的称"外边筋"，裹缝在布里的称"内边筋"。较大的帆通常由左右两大幅拼接，纵中轴线有一道内外中筋，称"纵中筋"。

抱桅绳 围抱在桅杆一侧，保持帆面与桅杆贴近的绳索。也有使用竹竿、竹片或藤条的，则称为"抱桅竹"。每根帆竹的前半端都有一根平行的抱桅绳，围过桅杆系结在帆边筋和帆竹上。

帆脚索 又称"缭索"。牵拉住风帆用以掌握风帆迎风角度和承受风的横向推力的绳索组。分子脚索与总脚索两部分。

子脚索 俗称"鸡爪索"、"麦须索"。直接与帆后边的帆竹端系连下面通过扁长滑车与总脚索连接的分支绳索组。按帆的长度和帆竹密度，分上、下两组或上、中、下三组，每组有一个上部直列若干滑孔的扁长滑车，索数有二、三、四、五根不等。每根子脚索穿过一个滑孔后，两端分别系结在两根帆竹端。扁长滑车下部的滑轮连于总脚索。由于子脚索分布到每根帆竹上，而且每根索在滑车的滑孔处随拉力方向的变化而滑动，以调节索两端的长短，从而使帆后边上下各档均匀地受到拉力，有利于帆面受风。有些木帆船的帆竹分布较稀，每根帆脚索与一根帆竹系连，直接牵到尾部操纵，不分子脚索与总脚索。

总脚索　俗称"滑脚"。通过扁长滑车与各组子脚索连接的干主绳索组。分上、下两根或上、中、下三根，分别穿过系连各子脚索组的滑车后，又各成为平行下来的两根绳索端，向船尾穿过某一支点（艄楼檐、舵柱顶端、船尾尖端），一端固定，一端牵至舵柄的八角短桩上，由舵工掌握。根据风向、风力和航向变化，随时将上、下总脚索的活动端拉紧、放松或转脚，以调整帆角，充分利用风力，并保障驶风航行安全。驶偏风时，总脚索也可穿过上风侧船舷构件，以控制帆面。

吊帆索　又称"杆索"。悬吊帆的绳索。布置在帆面靠桅的一面，分前后两根，分别称"前杆"和"后杆"。桅前边的一根，一端系结在帆底边的粗帆竹上，另一端向上穿过桅顶滑车后倾斜垂向后边，系结在滑车上与后边一根相连。桅后边的一根，一端系结在帆底边粗帆竹的近帆后边处，另一端倾斜向上穿过与前边一根相连的滑车后，再下垂以活扣系结在桅的下部，升满帆、半帆或落帆时，相应将这一端放长或收短。使用半平衡帆的大型帆船，桅后部分的帆面较宽，后边须用两根至三根吊帆索，各通过一个滑车，最末一根的一端才用活扣系结在桅的下部。升帆时，吊帆索用以兜住帆面；落帆后,吊帆索负荷帆的重量。

定帆绳 俗称"冲绳"。半平衡帆上固定帆的垂直位置的绳具。一般的简易形式是:用一根绳上端系结在帆顶边与前边的交点上,下端斜牵到帆底边下面桅夹构件上收紧扣牢;或者用一根绳上端系结在帆顶边与前边的交点后,沿帆底前边穿过各档帆竹端的套环而下,到近帆底边处再斜牵到桅夹构件上。帆前边上角或大部分受到拉力的控制,就不会因桅两边的帆面重量不平衡,形成倾斜而影响操纵。大型木帆船半平衡帆的定帆绳装置比较复杂些,它是用绳从上而下绕过桅几道,每道都通过滑车与帆前边帆竹端牵出的短绳套相连,定帆绳下端再系结到桅夹构件上,这样使帆前边从上到下都受到拉力控制,帆面能保持垂直。

拢帆绳 航海木帆船用于使帆面靠拢桅杆的绳索。拢帆绳从帆顶桁引出,绕过桅杆后,再穿过帆顶桁的小环,从帆背桅的一面垂直伸下,紧系在桅夹上。驶风时,如风是从帆向桅的一面吹向帆面,通过拢帆绳和抱桅绳的作用,帆面不致过于鼓兜。

提头索 升帆时系结在帆顶桁提耳上的一根务索。上端通过桅顶吊帆滑车后系结在帆顶桁提耳上,另一端系一只双轮滑车,与拉帆索相连,同拉帆索一起负荷升帆后帆的全部重量。降帆后,则连同拉帆索和双轮滑车一并卸下收藏,以避免雨湿霉烂。

拉帆索 升帆时连接提头索以拉帆的力索。下端牢系在桅面梁的铁构件上，向上通过提头索的双轮滑车，再回到桅面梁的下滑车，如此上下循环两周后，另一端以活结套在桅夹构件上。拉帆索通过上下滑车组的作用，使升帆比较省力。降帆后，连同提头索和双轮滑车一并卸下收藏。小帆船的拉帆索一般是通过桅顶滑车与帆顶桁直接系连，没有提头索和相应的滑车装置。

帆索渡力绳　升帆前引渡提头索穿过桅顶吊帆滑车的一根细长棕绳。提头索连同拉帆索在不升帆时是收藏起来的。升帆前，提头索必须先穿过桅吊帆滑车，再下来系结在帆提头的提耳上，因而只能通过落帆后穿吊在桅顶吊帆滑车上渡力绳，才能引渡上去。升帆后，帆索渡力绳就卸下来，落帆时再拉上去备用。

帆盖　俗称"帆蓑衣"。落帆后，覆盖帆的油布或篾席。

四、橹

橹是一种用人力推进木帆船的工具。除在急流航道逆流航行外都可使用，入水较深，比桨的效率高。最早的文字记载见于东汉刘熙的《释名》："在旁曰橹，橹膂也，用膂力然后舟行也。"宋、元时代海船有的一船设大小橹二十把，大橹多至二十人操作。橹用木料制成，长度视船的大小而定，分橹柄和橹叶两部分。橹柄横剖面一般为圆形，近顶端有凹槽或铁环以套系橹索；橹叶又称"橹身"，横剖面通常呈圆背形，入水部分渐宽而薄。橹柄与橹叶搭接，用铁箍紧固，下装橹垫。按各地航道条件和历史习惯不同分，有琵琶橹和板橹。

琵琶橹　橹的一种。优质木料制成。橹叶略似琵琶。橹柄分两节，上橹柄略向下弯曲；下橹柄与上橹柄和橹叶叠接，除有数道铁箍外，并用细篾片缠绕。橹叶上部圆背较高，下部渐扁平，尾端呈圆弧形，有的橹叶边还包铁皮。

板橹　橹的一种，由杉木制成。橹柄上端略向下弯曲，橹叶较薄。有的板橹用整根直木料制成。

橹

橹垫　又称"橹脐"。紧固在橹柄与橹叶的结合处下方，为一纵向凿有两三球形腔的长方形木块。其位置基本上处于橹的重心部位。摇橹时，按橹叶入水深度需要，将相应的一个球形腔套在橹支钮上，使其成为摇橹的支点。

橹支钮　又称"橹顶"。一种硬木或铁制球钉构件。供摇橹时将橹垫的球形腔套于其上作支点用。艄橹的支钮装置在尾端面梁后侧，头橹、腰橹的支钮装置在伸出舷外的橹担上。橹支钮作为橹的支点，将摇橹产生的推力传递至船体。其顶端的球状钮与橹垫的球形腔吻合，使橹能在一定范围内任意转动和扭动，比较省力。

橹担 又称"橹床"。形同扁担，为支承橹的短木。一端横插在面梁的铁

船员站在橹跳上摇橹

构件中，一端通过橹担肩伸出舷外。外端有一个安全桩，以防止橹滑落。橹支钮装置在安全桩的内侧，供摇腰橹或头橹时使用。

橹索 又称"橹绷绳"、"橹带"。控制橹柄的绳索。一般采用棕绳，上端有套圈或铁钩，下端也有铁钩。摇橹时，上下两端分别以套圈或铁钩与橹柄和甲板上的铁环相连。通过橹索与橹支钮的控制，橹叶以一定的角度和深度伸入水中。摇橹时，橹柄只能在一定的弧段上来回运动，从而使水下的橹叶也能沿相应的弧段作相反方向的往复运动。

橹跳 横设在甲板上，一端伸出舷外的短木，供操橹船员站立操作。

五、舵

设在船尾正中，为稳定和改变船舶航向的装置。对船舶稳定性

起一定作用。木帆船的舵一般由横向舵柄、垂直舵柱与舵叶组成。

舵柄 又称"舵牙棒"。木帆船舵的操纵杆。硬质杂木圆条制成。后端削成方形，供插入舵柱上的舵柄孔，并用销固定；前端为操舵处，装有八角短桩、开有孔或槽，供系结帆脚索和舵缰用。舵柄与舵柱的夹角，垂直式舵柱为90—120度，后倾式舵柱小于90度。木帆船采用横式舵柄，是利用了杠杆原理，舵柄愈长，操舵愈省力，但舵柄长度受到船尾操舵空间大小的限制。

舵

舵柱 又称"舵杆"、"舵筒"。连接舵柄和舵叶的杆件。圆柱形，直顺的优质杂木制成，尺度视船的大小而定。上部开有插入舵柄的方孔，有的顺列两孔，以便升降舵时调整舵柄位置。下部与舵叶连成一体。搁式舵的舵柱上部有圆台式舵帽。

舵柱通过舵面梁纵中轴线处装置，在上、下舵盘上。半平衡舵一般为垂直式，不平衡舵一般为后倾式，即舵柱顺船尾搪浪板斜插下去。后倾式舵柱使舵叶贴近船尾，从而使水压力中心前移，力矩减小，操舵比较轻便省力。有的航海木帆船舵柱后倾角达45度。

舵叶　又称"舵扇"、"舵板"。舵的入水部分。通常用厚杉木板拼制，并在板两侧夹一两道加强横木，有些舵叶还在顶边、底边或四周用木条镶边。木帆船舵叶类型复杂，几乎每种船型都有它独特的舵叶形状。按舵叶与舵柱的配置形式，则可归纳为不平衡式和半平衡式两类。前者为航海木帆船和部分内河木船采用，后者为大部分内河木帆船采用。

不平衡舵　俗称"将军舵"。舵叶全部在舵柱后方的舵。舵叶形状通常呈正方形或长方形。有的舵叶在连舵柱一边的上方开有分水缺口。舵叶底边一般为直线，宽度为船宽的二分之一至三分之二，航海木帆船长方形舵叶较窄，为船宽的三分之一左右。不平衡舵的舵柱如采取垂直式装置，则转舵时水压力中心距舵柱较远，力矩较大，舵效也大，但转舵比较费力。因而，这种舵的舵柱多装置成后倾式，使水压力中心前移，缩短与舵柱的距离，以求操舵比较省力。不平衡舵通常为可升降的悬式舵。

六、锚

船不靠码头或不系浮筒停泊时用以固定船位的器具。一般为铁制或钢制，用锚链（锚索）与船身相连。锚上有爪，用时将锚抛下，借其自重和爪抓住水底将船系住，使船不为风力、水流所漂走。一般置于船首，大船则首尾都设。我国木帆船最早使用石碇，后来发展到使用木爪石碇。明代已有千斤以上的四爪锚。

实船上的双锚

四爪锚　锚的一种，锻铁制，由锚杆和锚爪组成，锚杆顶部有环套（称"锚环"）连锚链或锚缆（索）。锚爪对称分布，互呈反向弯钩形，用于泥沙底航道的锚爪弯度较大，有的在一个爪尖上有套连起锚绳的小环。木船视载重吨位大小配备不同规格的四爪锚2—4只。

锚

两爪锚　锚的一种，铁制或木制，直锚杆与锚成锐角，锚杆下端穿一横担，航海木帆船停泊时用以辅助固定船位的主要工具。

七、缆绳索具

绳缆 船用桅、帆、系泊、拖曳、起吊的各种索具的统称。过去木帆船都用植物纤维绳和篾缆，也有用藤索的。近代，较大的木船已逐渐使用一些合成纤维绳和钢丝绳。

缆绳索具

棕绳 用棕丝绞制而成的绳索。有红、白两种：红棕绳较硬，耐磨、耐腐蚀、浮力好，但破断负荷较差，现多用作辅助索具；白棕绳较软，破断负荷较强，但耐腐性较差，一般用于拖曳、起吊、系泊。

麻绳 用麻丝绞制而成的绳索。比棕绳轻软而破断负荷较强，但耐腐蚀性差、忌潮湿，多用作桅帆索具和纤绳。

钢丝绳 用通长的钢丝贯以油麻芯分股绞制成的绳缆。规格大小按直径表示，种类和结构以股数、每股的钢丝数和油麻芯数表示。如船用拖曳、系泊、起吊的软钢丝绳，如规格为6×24+7的，即6股，每股24丝，7根油麻芯。钢丝绳有较大的抗拉强度，破断负荷超过植物纤维绳四倍以上。如注意及时防锈,定期加油保养有很长的使用寿命。但缺乏弹性和浮力,质地较硬而重,用在木船上,易对木结构摩擦损伤。

应急缆 俗称"太平缆"。大型木帆船应付紧急情况的备用缆。多为优质白棕绳或尼龙绳,应急拖带时用,比一般缆绳粗。平时应常吹风、晾晒,防止霉烂变质。

码辫 又称急索。木帆船码篙的专用短辫绳。用棕丝或麻丝搓成,上细下粗,长1米左右。固定在船头两侧铁环上,左右各一根。

绕棒 俗称"运杆"。连接篾缆断头的专用工具。硬质杂木制,长20厘米左右,一端呈圆锥形,锥底中心伸出一段圆柱体。将篾缆两断头交叠20—30厘米,绕棒上缠绕湿润的单服麻绳,绳头压在篾缆接头处,手握绕棒慢慢地转动并撬板收紧,最后打结,使麻绳紧紧地缠绕在篾缆接头上,可达到一定的抗拉强度。

滑车 俗称"葫芦"。用绳索或链条绕过一个或若干个滑轮所组成的简单牵引超重装置。木制或铁制。由滑轮、轮轴、车壳等部件组成。利用滑车可以省力和改变力的方向。结构轻巧紧凑,便于移置,操作方便。木帆船各种索具用的为单轮或双轮滑车,具体形状视使用部位而定。

绞盘 又称"绞关"。明代宋应星著《天工开物》称"云车"。木帆船竖立在首甲板上用人力转动,用以收放缆绳或锚链(索)。有优质杂木制和铸铁制两种。木质绞盘为圆台形，由上下车盘、中间腰盘和周围的5—8根车柱组成，铁质绞盘为腰部呈凹形弧槽中心有孔的圆柱形轮，垂直套在绞盘轴上，可以水平转动。使用时，将缆绳一端固定在绞盘上，用绞棒插入绞盘孔。

绞滚　也称为"绞辊"、"卧式绞车"，是木帆船的一种轻便起重工具。木制或铁制，有固定式或可移式。座架上装置滚筒，筒两侧各有两个互相垂直的穿孔，插入板柄成"十"字形。扳动扳柄，滚筒转动；扳柄一端拉出一些伸在座架横木下面，滚筒即固定。绞滚也用升帆或作舵的升降装置。

[叁]普陀传统木船制造技艺

一、木帆船制造工具

由于木帆船制造工艺较为复杂，因此所用的工具较多，本书以图片加以介绍。

板车

墨斗

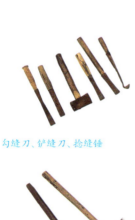

勾缝刀、铲缝刀、捻缝锤

起钉、榔头

对斧

细长刨、边刨、粗刨

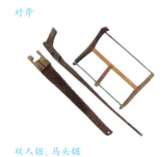

双人锯、马头锯

铲钩

推刨、插锯

桐油灰铲刀

捣臼

工具箱

四人锯

钉冲、各种快凿

螺丝钻、手把钻、三节钻

橹带、橹钩、橹嘴

各种细刨

二、普陀传统木帆船制造工艺流程

岑氏木船作坊祖传的木帆船制造采取47道工序，内容如下：

1.选树：一般由大木师去林区选择树龄适宜的树种及树干形状。

2.砍伐：大木师指定树木后由林区组织砍伐，为保护森林，同时另行栽种。

3.去皮：在堆木场上对原木树皮处理剥去。

4.锯解：在木料厂或船厂对原木按需进行纵向或横向锯开，形成板材。

5.风干：将原木或初步锯解后的板材在露天或通风良好的仓库内放置，使之自然脱水干燥，含水率达到10%—12%后方可使用。

6.放中龙骨：在船厂或造船的作坊，设置在船底纵中轴线的一道龙骨。

7.拼接前龙骨：船底前段起翘的龙骨，安装时与中龙骨用钩子同口连接一体。

8.拼接后龙骨：船底后段起翘的龙骨，安装时与中龙骨用钩子同口连接一体。

9.放肋骨：俗称"拐子"，木船两舷内壁的竖立骨材，由船体中心向前、向后逐道安放在龙骨上平面。

10.上横隔壁：又称"满梁"、"堵板"，在龙骨上安放，木船舱内由多块厚板拼合的横向竖壁。

11.**立斗筋**：又称"首柱"，为尖形船首和"T"形船首安放木船首端的一根纵向强力骨材，与前龙骨用钩子同口连接一体。

12.**立后斗水**：又称"尾封板"，用多块厚板拼合的艉部水密隔壁，与后翘底板上面相连。

13.**铺龙骨翼板**：铺放夹置在龙骨左右侧边的纵向厚板材，由中间向左右舷组装。

14.**铺各路底板**：依次铺放龙骨翼板外侧各路底部厚板材，按三、五、七、九……路的顺序由中间向外舷组装，铺放到舭部龙骨为止。

15.**装肋板**：每道肋骨底座、肋板安放在龙骨上平面。

16.**装舭龙骨**：又称"拖泥板"，在木船舭部即木船底边两侧向上转角处安装一块或三块板材拼合的纵向壳板，一般较突出，起阻止横摇或搁浅的作用。

17.**满舷板**：又称"帮板"，在木船两舷侧由下向上组装的若干纵向板料拼合而成船壳板。

18.**铺最下部第一根大玉肋**：又称"托水肋"，安装两舷侧最下面的一道大纵材，一般是在空载水线处，对增加船体浮力和空船稳定性起作用。

19.**铺第二根玉肋**：又称"口肋"，安装两舷侧大玉肋上面位于舷边的一道大纵材。

20.**起杆**：又称"大肋"，安装两舷侧最上面最大的一道粗厚纵材。一般设置在满载水线处，是各道大肋的最后一道。

21.**放甲板抬梁**：铺放舷缘甲板下粗纵梁，是横向结构支撑的梁。

22.**放大纵梁**：即一号千斤板，铺放主甲板舱口边最粗厚的一块半圆形厚板。

23.**放二号千斤板**：铺放主甲板舱口边第二块半圆形厚板。

24.**铺干堂板**：即甲板，铺放主甲板上所有拼作的木板。

25.**铺里河板**：即舷墙板，铺放主甲板以上两舷的木板。

26.**放主桅面梁**：铺放主桅夹面梁，使其从两边可用桅夹夹住主桅。头桅、艉桅也依样铺放各桅夹面梁。

27.**铺壁壳扑风梁**：铺放前后主甲板上的各楼棚横隔壁。

28.**铺壁壳板**：铺放前后主甲板上的各楼棚壁板和顶甲板，并与横木梁连接。

29.**安装桅底座**：俗称"桅臼"，是固定桅杆根部的基础构件。

30.**安装桅夹**：用以保护桅杆安全。

31.**竖立各根桅杆**：可在下水后竖立，也可在岸上竖立，是全船最精密的一道工序。

32.**制作装配绞车、绞辊及滑轮**：供升帆起锚及船上各物件起吊用。

33.**完成舵作**：制作舵板、舵杆并安装。

34.**全船各列板捻缝**：采用桐油、蛎灰、麻丝等材料捶拌成麻饼, 捻塞于木板缝间, 并打入缝钉紧固, 以保持船体水密。

35.内舱装饰: 根据船上实际用途安排各种木雕、漆绘等装饰。

36.船体外雕绘: 根据船主的要求确定图案、形式再雕绘。

37.油漆: 把桐油加热后刷在船内各部位, 以保持木船本色, 船体外部则根据色彩需要用油漆处理。

38.水密检验: 各列板缝密封性工艺检查, 桐油、蛎灰、麻丝是否到位。

39.完成帆作: 制作并安装帆篷及各升帆索具部件。

40.完成锚作: 制作锚碇, 配缆索, 并安装。

41.完成缆作: 制作各种缆柱, 缆索挂柱、系耳柱并安装在船上适当部位。

42.下水: 用道木滚车、板车、滑轮带动下水并用人工牵引。

43.舾装: 下水后在岸滩或码头旁, 竖立各桅杆, 并将全船的设施、属具都安装到位并调试, 还要对水上部分的船体、舱室用桐油再进行油漆。

44.调整压载: 一般先按设计在底舱放置石块作压载, 经下水观察、试验后再调整。

45.系泊试验: 包括测定稳定性的倾斜试验, 起抛锚、升降帆等在港池水域的试验。

46.试航: 系泊试验后出海试航, 并须经船检部门认可。

47.交船：全船工作完成，船主满意，造船方把产权交接给船主。

三、普陀传统木帆船制造技艺

1.设计图纸。早期各种大小型木帆船制造，没有一套完整系统的设计图纸，船型结构和规格尺寸，主要以大木师傅凭借自己的技术和经验，以原有船样、船式为基础，并照旧制

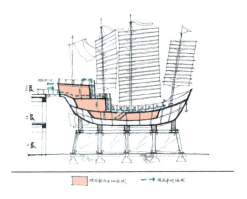

设计图（一）

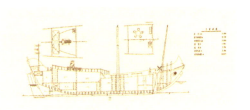

设计图（二）

造与仿造，或加以改良创新。岑氏木船作坊历代传人，能根据船主的要求，逼真地绘制出各种木帆船外形图和内部结构图，并由把作大木师傅根据绘制的尺寸，在造船工场负责放大样，然后交给大木师傅组织施工制造。

2.选木材。船上用的木材应符合船体形状和有关造船用材的各项规定，并要根据船体各主要构件的强度和性能要求，选用相应的材种。一般在林区砍伐、去皮和锯解。木材根据不同的材质坚韧

性能大致可分为两大类：硬材，如坤甸、巴劳、铁梨木、梓京、南枝、红稠、母生、柞、栎、榆、水曲柳、黄菠萝、樟、槐、柚等；软材，如红松、落叶松、马尾松、杉、柏等。舱壁底座、斗筋、尾柱、舵柱、内纵中材、龙骨、肋骨、起干、玉肋，一般使用硬材。

造船大木师在林场选用造船木材

3.原木加工与风干。原始的原木不能直接用于船上，根据需要，有的要修圆修正，有的要破成所需板材。板材经过画线、砍、锛、锯木破板、凿眼、钻洞等制成各类部件。船上有些弯凹的部件，如龙骨、肋骨、玉拉、起杆等特殊部件不能用锯加工时，只能用锛或斧头锛砍，这属于粗加

锯木破板工序

原木加工中的砍锛工序

工。砍时应顺原木木纹方向砍，每一次不要砍得太厚，砍成大致形状后再刨。原木取料时先要把树段剖开，有的还需锯成各种板材，为了不锯偏，要先画出直线，然后沿直线下锯。画线工具叫墨斗，墨斗

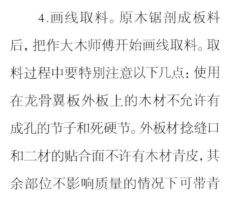

内装有墨和丝绵,线一端卷在一滚轴上,浸上墨的线从墨头另一端孔中穿出,墨线头有铁钉钉在木材一头,操作师傅手执墨斗一手拉紧线,另一手将墨线一提一放,即将墨弹在木料之上,就有了直线轮廓。接下来就可以沿线锯木剖板了,轻小的木材,多是一人操作,而大木头则需双人拉锯。双人拉锯的姿势也不尽相同,有两人同时站立,有一站一半跪拉锯,有从上向下拉锯,有平锯等。

所用造船木材除用于弯曲形的天然曲木外均要求比较干燥,以防构件变形,影响船舶质量。初步风干是将原木放在露天或通风良好的仓库内放置,使之自然脱水干燥。板材烘燥工序是将锯剖后的板材,放到烘干车间,烘干到含水率约12%。而配置船体的如龙骨、内龙骨、舷侧厚板、纵通材等一切较厚的材料不需烘干,因在配置过程中弯曲度较大,木材太干容易断裂。而待主船体完工后,每条缝口再进行干燥处理。

4.画线取料。原木锯剖成板料后,把作大木师傅开始画线取料。取料过程中要特别注意以下几点:使用在龙骨翼板外板上的木材不允许有成孔的节子和死硬节。外板材捻缝口和二材的贴合面不许有木材青皮,其余部位不影响质量的情况下可带青

画线取料

皮，但青皮厚度不得超过材厚的五分之一、材宽的四分之一。

5.铁作件选取。船用铁钉有蚂蝗钉、锔钉、铲钉、蘑菇钉、钉钩、钉箍等几种。较大的部件，必须使用一些如螺栓等现代金属件。选用船用铁钉、螺栓和角钢(铁)、扁铁等各种造船钢铁制件，应选择采用防腐时间长的优质钢(铁)加工而成的成品，并须经防腐处理，如螺栓表面加入桐油灰、麻丝，铁件涂刷红丹漆、沥青等，使船体在经常保养的条件下达到近五十年的寿命。若使用木钉、木栓，须选择硬木制成的。

6.制作和拼接龙骨。龙骨是由独木舟大木演变过来的，位于船底的中间，是船舶在建造、下水、航行、搁浅时受力较大的构件。一根龙骨分中、前、后三段，采用三根优质硬木对接(钩形嵌接或钩子同口连接)而成，以满足船体强度要求。接头长度为龙骨高度的三至五倍，跨三道肋位，装配时修正纵横平直度，并在接头平面抹上桐油灰，在龙骨贴合面前端开阻水孔以防接头漏水，并用螺栓、铁钉数枚紧固成一体。在龙骨平面上划分每道肋骨的间距及舱壁间距，并写上

前龙骨装配

肋号，把每道底肋骨及舱壁座按号放置在龙骨平面上，每道龙骨及舱壁底座放置两枚螺栓与龙骨紧固。

前龙骨长度为主桅杆后1.2米至前头梁为止。前龙骨起翘，根据船中间横隔壁三尺木高度的船宽的百分之十作为起翘数据，然后划分在板料平面，经制作加工成成品后用钩子同口与中段龙骨对接，接头长度为龙骨高度的三到五倍。对接的钩子同口中间用桐油石灰、麻纱饼填料，然后用铁钉、铁箍加固。

中龙骨长度以主桅杆的位置至后起翘的木梁头横隔壁为止。中龙骨要用比较硬的木料制作，木料年轮紧密，外皮光顺，生长在北面山坡的木材为佳。

后龙骨长度以大梁头横隔壁前1.2米至后斗水梁为止，后起翘根据中间隔壁三尺木高度的船宽百分之十五为起翘数据。然后画线在木料平面绘制加工，用钩子同口与中龙骨对接，接头长度为龙骨高度的三到五倍，使三段龙骨接成一体。

吊装肋框

7.放肋骨，俗称"拐子"。在龙骨上安放，连向船体两舷的横向竖立骨材或称肋框，一般由船体中心向前、向后逐道安放。肋骨，用樟木或与樟木同强度材料制作后，应在木制1:1肋骨样台上装配修正数值，旁肋骨用樟木制成，与每道底肋骨交合，放置在龙骨上面，用螺栓与龙骨紧固连接，每道底肋骨底部开0.5厘米×0.6厘米的流水孔。

肋骨装配

8.上横隔壁，又称"满梁"、"堵板"。在龙骨上安放，木船舱内由多块厚板拼合的横向竖壁。各道舱壁根据木料大小拼块而成，用传统工艺、双元宝榫、加铲钉数枚分别紧固整道组装。桅舱舱壁底增厚3厘米至6厘米，以增强受力构件的强度，各道舱壁在1:1样台上整道组装后

已安装的肋框

横梁

按号放置在舱壁底座上，并用数枚镀锌螺栓紧固舱壁两侧与肋骨紧密固定（每块舱壁在肋骨上放置两至三枚螺栓进行加固），各道舱壁按规定用桐油灰捻缝，做到水密。

安装艏柱

9.立斗筋，即装配艏柱。选用一根形状类同（曲材）的硬木制成后，与龙骨（钩形嵌接）连接，在接头处加置螺栓铁钉，并在艏柱与龙骨接头上压长度为接头三倍的艏肘，采用螺栓数枚紧固，贴合面涂抹桐油灰，并开阻水孔以防接头之间漏水。

10.立后斗水，即安装艉封壁。选用优质樟木，艉封底座壁比同类舱壁增厚30%，其底座壁高1.2米，厚0.3米，在底线上0.7米处安放两根舵舢艄，装配舵舢，以增强木舵在航行中的强度。经加工细作，紧密装配，校正中心线垂直度，下端用两枚螺栓紧固在龙骨上，夹住舵杆可左右转45度。

11.铺龙骨翼板和各路底板：铺放夹置在龙骨左右侧边的纵向厚板材，由中间向左右舷组装，再依次铺放龙骨翼板外侧各路底部厚板材，按三、五、七、九……路的顺序由中间向外舷组装，铺放到艉部龙骨为止。龙骨上缘两侧削斜后与翼板拼接，每翼板配置两枚螺栓通过肋骨、内龙骨紧固。

12.舷侧厚板用硬木，各接头长度为高度的三至五倍，各接头的装配处间隙不大于0.02米，每个接头处的贴合面均涂抹桐油灰，每个接头处均不小于两枚螺栓，铁钉接头避距按照1987年浙江省《木质海洋渔船建造及检验规定》办理，两舷外部构件用料进行对称装配，每列板在每道上配置两枚以上的螺栓紧固，并在三道肋位中，两块舷侧厚板对串螺栓和铲钉紧固。

底板、舷板安装

主甲板

13.甲板纵横通过压梁材、甲板材等构件与甲板横梁、短横梁、舱壁贴合紧密，并用螺栓紧固（每块甲板在每道甲板横切梁、短梁上用2—3枚螺栓紧固）。甲板横梁舱口的端梁、短横梁均为一整体。甲板横梁的两端与肋骨受梁材紧密贴合，用螺栓贯穿紧固，在舱门一端的短横梁固定在舱口纵梁上，用螺栓贯穿紧固，其另一端与肋骨紧密贴合，也用螺栓贯穿紧固。

14.桅：主桅由两段杉木用特殊工艺交叉拼接而成，并用螺栓与铁箍紧固。主桅高度根据船身龙骨长度，最大直径根据船宽取10比1。前桅有条件就用整根杉木，也可用两根拼接。前桅高度根据主桅高度打8折，最大直径根据主桅直径打8折。尾桅由整根杉木制成，高度根据主桅高度打6折，最大直径根据主桅直径打6折。

15.舵：舵杆用坤甸木制成。舵叶用杉木拼接而成。

16.船体装配过程，包括板料拼合、搭接、刨平、上钉、挂铜、钉卡等工艺，特别是船壳水线以下的外表面，必须平顺、光洁，以利于减少航行阻力，也便于打油。

17.木船底板拼合。底板尺度和型线在很大程度上决定着整个船的性能，因此铺底是船体组装的一道

桅

舵

关键工序。先在垫墩横梁上按需要长度纵向铺设中心底或主龙骨，画出中心线和横骨架线，再按顺序向两侧铺设、拼合，直到铺完边底。一般边底外缘须裁成一定的向首、尾收拢的曲线，然后校准底板水平，两端锯齐。多数船型还要按首、尾底纵剖线的弧度，用下垫、上压法，迫使底板两端起翘，以避免与前、后搪浪板接合处形成棱角而增加航行阻力。

18. 横剖面样板制作。按照设计，把船中部最宽处制作的半剖面样板确定，用以画定木船横骨架两舷侧的线形。操作时有两种形式，一种是在样板两面分别画出至首、尾的各首横骨架两舷侧的变化曲线，作为画定各道横骨架侧线的依据；另一种是利用样板画定至首、尾的各道横骨架侧线时，按一定尺度将板逐步内移，并适当调整线形的曲度。各横骨架两舷侧线的纵向连接线，就是两舷壳板的纵向和垂向线形。

19. 舷边定线操作。舷边定线法是确定舷边线包括舷弧线的一种工艺，用墨斗线弹出一定弧度的抛物线是祖传的秘诀和技术。舷边定线法操作工艺为：装配底板和横骨架后，按设计船深和船体首尾端高度，从船中点沿两舷至首、尾依次逐渐起弧，用木条平行钉在各横骨架外侧，或者不钉木条，而在各横骨架外侧作墨线标记，此舷边线即为口肋或上舷板的上缘曲线。

20. 首尾纵剖面定线。这是确定首、尾底部纵向起翘曲线的一种工艺。以底板基平面的纵中轴线为基线，从底板两端起翘处起，至船首、尾端的垂线引一直线，基线与垂线成直角相交。按首、尾底部纵向起翘的一定弧度，分为若干段，各段依次定出至基线的垂线高度。各段垂线上端后的连线即为首、尾底部的纵向起翘曲线。两舷壳板首、尾端，即可根据此线锯裁。此法也可用于确定首、尾舷弧线。

强弯曲

21. 木材强制弯曲。强制弯曲是对直材或曲材进行矫形加工的一种工艺。木船身板、肋等两端的弧度，都是在装配过程中，采用强制弯曲法达到要求的。一般是将木料锯裁修整后，一端钉在连接的横骨架上，在附近用丝杆夹头垂直骑在板料与对应的构件上，徐徐拧紧丝杆，强迫板料弯曲，向相邻骨架靠拢，上钉固定；再向前移动丝杆夹头再拧，使板料逐段与骨架结合，直至全部弯曲成型为止。操作时，要适当控制作用于板料的横向力，防止折裂。对柏、梓等脆性木材，须先用开水淋湿，过数小时后再弯曲。强制弯曲时，除使用丝杆夹头外，还有使用烘烤、绳索和绞棒的。

22. 板料拼合。将同厚度的木板料的邻边平等连接，以达到构件需要宽度的方法。有锹钉拼合和枣核钉拼合，并挂锔或上卡加固。拼合板料的材心应同向，船壳板料的材心应一致向内。船壳板料厚度不完全相等的，应使内缘相平。板料拼合工艺质量，与船体的整体和局部强度以及耐用性、水密性都有密切的关系。

23. 横梁、主甲板制作。外板完工开始制作装配主甲板横梁，甲板横梁用料为硬材，横梁一头紧贴定在肋骨平面用铁钉坚固，另一头紧贴在甲板千斤板上，下用铁钜串过紧固，横梁装配完工，开始装配甲板，每列甲板宽为20—25厘米，甲板接头相邻两材应不小于两个甲板。

24. 里河板（舷墙板）制配。把已干燥的板料根据船体形状经画线，每列里河板宽20—25厘米，两面由大木师用粗刨经光滑，再经打磨，紧贴舷墙，用铁钉紧固。

25. 船体主要构件制作精密度。所有的榫卯结构和构件的结合面以及外表面经精细加工，桅杆、舵杆或圆径构件要用八面十六尖角经精细加工后成圆形。

26. 加工规格。龙骨、斗筋、艉柱、舵柱加工时可偏差1%。甲板梁、舱口梁、起杆、横隔壁、甲板、围板偏差不大于2.5毫米。

舵杆与舵叶制配，舵杆长度为船宽的1.4倍，舵叶宽为船吃水长的6.5%，舵杆用硬木类，舵叶用软木类，舵杆与舵叶以双木榫接合，再用两舵夹板夹合，用铁钉紧固。

27. 捻缝与水密工艺。船体完工后，开始捻缝与水密。船壳外板，甲板上层围壁和水密横舱壁等各构件之间的纵向或横向板缝以及全船所有钉、钜、螺、栓、穴斗均应经过捻缝后填满抹平，以保证船体水密性和表面光洁。船体外表面各构件的裂纹凡深度超过材厚的十分之一时均需捻缝修补。构件局部有腐烂、蛀蚀或其他缺陷时采用打麻板的方法进行挖补填平。拼缝相邻两板的板缘刨成坡口，拼缝后使缝口呈外宽的"V"字形状。两板之间的拼缝处紧密。板厚不足60毫米时外侧缝口应不大于3毫米，内侧缝口应不大于0.5毫米。根据不同的船只与不同的海区的传统习惯选用麻线、网纱、竹类等为捻缝的材料，且应经过去污、脱胶、梳理，使用填料确保无沙、无泥、干燥、柔软。

捻缝工艺要求：捻缝前应先沿板缝开好的灰路，下好底灰，然后逐次打入填料，反复打捻三至四遍，打烂，打实。特别是两路捻缝接合处须反复捻实，打捻至距缝口表面约5毫米上表面要平整，经充分干燥后再用软灰盖在填料上面，将捻缝抹平后再刷一遍桐油。拌桐油灰的石灰选用优质贝壳烧制的石灰而不能掺杂。

捻缝

全船桐油灰干燥后，在船舶下水前后进行水密性检查。把木师与捻缝师可视具体情况确定是否需要做水密性试验，并以不漏水、不渗水为合格，如需要做水密性试验，则灌水试验适用于船壳板及水密舱壁。冲水试验适用于甲板、甲板室、围壁及舱口盖。淋水试验用于露天舱盖、天窗及其他露天的非水密门窗。

28.船体(壳)油漆防腐。船体水线以下所有与海水接触的木质结构在上船台安装前先刷环烷酸铜或石灰渗入处理。船体（壳）外表，凡载重（水）线以下的部分，应先涂刷沥青漆两度，然后再涂刷红丹漆或调和漆两度，以提高防腐效果。船只内部，如藏鱼舱、水舱内等所有木质构件表面，均应涂抹桐油两度，桐油加热温度为70摄氏度。船头舱、船尾舱及其他舱内的木质构件表面，也应涂抹桐油或稀沥青两度。船壳内部的所有铁（钢）制作件外露的表面部位，都应涂刷防锈漆和调和漆各两度。

29.木船装饰。新船造好后，还要对整个船体进行装饰与美化，这样一艘木船才算完美，这道工序俗称 "船饰"。船饰有船头像、船眼饰、船饰画等，通过绘画、油漆、雕刻等工序完成。如船头像工序是在船体完成而未下海之前，请漆匠或画师对整体船身打底漆时进行。画师打样拟草图后，由船主

船眼

审阅允准，把样稿供奉在神龛前，之后拣一个黄道吉日，把草图请出神龛，开始按图施工。船眼饰根据不同种类木帆船在船头两边雕绘"龙眼"、"凤眼"或"蝌蚪眼"。船饰画是利用船体不同部位，画饰吉祥画案。有些还要在木帆船的艏部、侧部、艉部，以雕刻或彩绘形式雕绘有龙、凤、鱼、鸟等图案。

艏部兽头

30.篷帆的制作与使用。帆，用料为棕色麻棉布料为合适。制作设计方法根据龙骨长度决定桅杆高度，又根据桅杆高度确定帆高，确保安全航行条件下适当调整。帆的制作方式，如底边宽度为长度的两倍左右，上边宽与底宽相等，底边与对边的垂直线所形成的倾角为15度至20度。竹竿做帆横条，棕绳或锦纶绳通过木制滑轮，牵住帆

艉部鹏鹞

制作风帆

横条，根据风力大小调节风帆高度，使船在航行中达到一定的稳定性。这种帆可倒风行驶，利用八面风，使用时灵活，有利于转向，是中国帆船的优点。

四、木帆船特殊部件加工工艺

锹钉拼合　强度要求较高的木板构件的拼合方法。一般用于底板、舭板、身板、肋、搪浪板、甲板、隔舱板以及大型舵叶等的拼合。先在一边板料内缘拼合边的一定距离处凿出三角形钉坑，在坑内横向钻眼，垂直穿过边缝通到邻板里面。钉眼位置应在板厚近内缘的五分之二处，眼径与眼深稍小于锹钉。再将长度为板厚两倍以上的锹钉略锤弯后，插入钉坑的眼内，用送钉器对着钉头，捶钉送钉器使锹钉穿入邻板内，钉头陷进钉坑里，相邻两板即拼合。钉坑应在相邻两板交错开凿。钉距视材种和板厚而定，一般为10厘米左右。

锹钉拼合

枣核钉拼合　强度要求一般的木板构件的拼合方法。先在两块板料邻边，视材种和板厚情况，每隔一定间距同时画出钉位墨线，然后在墨线处的板边厚度中间钻好对口钉

枣核钉拼合

眼，眼径与眼深小于枣核钉。再将长度为板厚两倍以上的枣核钉插入一边板料的各个钉眼内，拼上邻板，锺钉合拢。有的地方造木船不用枣核钉，板料都用锹钉拼合。

"T"形结合　木船纵横向构件之间的垂直连接方法。如各纵向壳板与脚梁、肋骨、隔舱板之间的连接等。"T"形结合部位通常用方钉、爬头钉钉合，挂锔加固，不允许凿眼或开槽榫接，以免影响结构强度。要先钻钉眼和凿钉帽坑，钉的长度应为板厚的两倍以上，钉头应钉入帽坑并低于板面3—5毫米。大型木船的某些"T"形结合，现在常用铁螺栓，强度较钉锔高。

挂锔　用锔加强板料拼合强度和纵横构件连接强度的方法。锔的形状、规格以及挂锔的密度，按使用部位和强度的要求而定。拼合板料一般是每隔三钉挂一锔，锔板长度应大于板料厚度，锔嘴长度不超过板料厚度的二分之一。先在一边板料上凿出锔板槽，在另一边板料上斜向钻眼后钉入锔尾，锔尾如穿透板料时，应予回脚，使锔板与锔尾转折处跨骑缝口，然后将锔嘴垂直钉入相邻板料

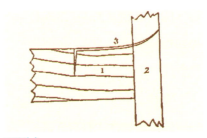

T形结合

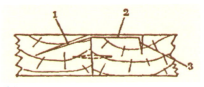

挂锔

内，铜板嵌进槽内的深度要低于板面2毫米至3毫米。有的地方造木船拼合板料习惯用密钉，不再挂铜。纵横构件之间"T"形结合的挂铜，所用铜的规格较大，铜板长度通常为板料厚度的两倍以至数倍，有的长铜板上还有孔眼，以便加钉坚固。

上卡　用两脚卡跨骑拼合缝口用以提高木板料拼合强度的方法。一般用于肋、身板、搪浪板和隔舱板。每隔两三枚钉加一只两脚卡，卡脚垂直钉入板内。短脚卡不超过板厚的一半，长脚卡穿透板料后，须回脚。

蚌壳缝　又称"转角缝"。木船壳板转角处的拼合缝。如底板与舢板的邻边刨成斜面拼合，似张开的蚌壳。通常用锹钉拼口，挂铜加固。

直角缝　木板邻边裁成彼此吻合的直角缺口咬合的缝。两块板料邻边交错刨去厚度的一半。咬合后板料干缩也不致张缝，有利于防风雨。一般用于楼子顶板和拱篷壁板。

蓑衣缝　横向上下拼合的木板，邻边裁成斜面搭接

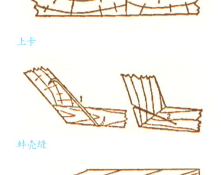

上卡

蚌壳缝

直角缝

拼合成的缝。拼合时，上一块的斜面在外，搭在下一块的斜面上，各块依次搭接拼合，使雨水不致流入里面，类似蓑衣防雨的道理。一般用于楼子四壁。

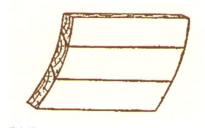

蓑衣缝

企口缝　木板料邻边裁成凸凹咬合的缝。适用范围与直角缝、蓑衣缝同，但强度更好。

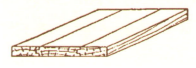

企口缝

曲线缝　又称"自由缝"。木板料邻边成曲线拼合的缝。拼接板料时，如板料边

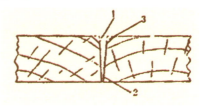

缝口

线为任意曲线，为充分利用板料，不应裁直，经过修整使边缘达到一定厚度后，选用另一块有吻合曲线边的板料，用套墨或点墨法锯裁，实行曲线拼合。

内缝口　内缝口木板料拼合缝口的内缘。要求拼合紧密，内缝口宽不得超过1毫米。

外缝口　木板料拼合缝口的外缘，缝口里窄外宽，横断面呈喇叭形。外口宽一般不超过4毫米，并须倒边，以便捻缝。

倒边 倒边木板料拼合前，先将板边外缘的棱角刨去2—3毫米，使缝口成喇叭形，以便捻缝同口两块木板斜纵向相接，其对口部位的宽度和厚度相同。

接同口 木船板料不够所需长度，用同宽度和同厚度的板料在端部对口的要求，有多种搭接形式。搭接的同口必须骑在骨架上，以便用钉铜固定。紧邻的板料同口必须错开，不宜骑在同一骨架上。

平面同口 木板斜纵向搭接缝，为平面。同口接缝应骑在横骨架构件的中心线上，一般只宜用于宽度10厘米以下的板料。但底板如在横骨架位置上用平面同口搭接，有利于保证水密，此时可不受板料宽度的限制。

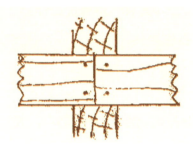

平面同口

滑肩同口 木板斜纵向搭接缝，似肩形。搭接长度约为板宽的三倍，两边同口嘴子各为板宽的四分之一。一般用于宽度10厘米以上的板料。

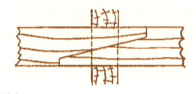

滑肩同口

直角同口 木板料斜纵

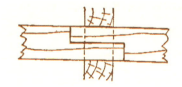

直角同口

向搭接缝成直角缺口。一般同口嘴子各占板宽的二分之一。有的船脚梁与肋骨的转角搭接,也采用类似的直角同口。

钩子同口 木板斜纵向搭接缝,似钩子形。一般用于较厚和宽度在15厘米以上的板料,如肋、舱口围板、龙骨、压筋等搭接。钩子宽度不小于3厘米,并须骑在横骨架构件的中心线上。

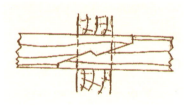

钩子同口

鱼尾同口 木板斜纵向搭接缝略,似鱼尾形。一般用于较厚的宽度30厘米的斜板。搭接长度为板宽的两至三倍,适用范围与钩子同口同,但强度较钩子同口高。

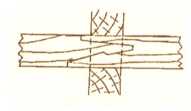

鱼尾同口

蛇头同口 木板料纵向搭接缝,略似蛇头形。一般用于宽度较大而较短的板料搭接。同口嘴子的宽度约占板宽的四分之一。

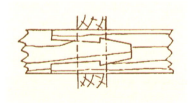

蛇头同口

咬合同口 木板斜纵向搭接成凹凸吻合。适用范围与蛇

咬合同口

头同口同。

叉子同口　木板斜纵向搭接缝，成叉形。一般用于抽换于个别板料。

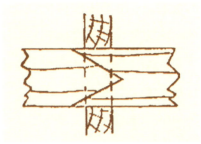

叉子同口

斜面同口　木板料纵向搭接缝，成斜面。一般用于甲板。

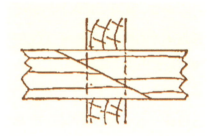

斜面同口

同口上销　木板斜搭接同口穿销的工艺，某些板料搭接同口，用螺栓作销子横穿，以加强其结构强度。在同口两头按照销子直径的大小钻两个眼，并挖出螺帽坑，分别将螺杆装进眼内，套上螺帽拧紧，锯去螺杆的多余部分。一般用于肋的搭接同口。

同口上销

套墨　又称"绞墨"，拼合曲边木板的定线方法之一。将一块经过修整的曲边板料叠在另一块将与其拼合

套墨

的板料上，用墨线按照上面一块的侧面曲线套画在下面一块的板面上。下面板料按所画曲线锯裁后，则两板曲线完全吻合，然后用钉拼合。

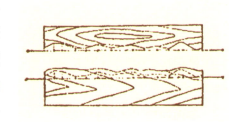

点墨

点墨　拼合曲边木料的定线方法之一。适用于不便使用套墨法的长大笨重的板料。先在经过修整的第一块板料的一个折曲边，拉一根与最突出折点接触而与木板另一边线平行的直铁丝，两端固定，量出各个折点与铁丝的距离。在铁丝上做出各点的标记，然后，将这根铁丝放到要拼合的第二块板料边缘的适当位置上拉直固定，根据铁丝上的各点标记，在第二块板料上取点，使各点与铁丝的距离和第一块板料上的折点相对应。最后，将所取各点连成折线，锯裁后，即可得与第一块板料的折曲边完全吻合的拼缝。

[肆]普陀传统木船的艺术与民俗特色

　　普陀传统木帆船制造技艺作为国家级非物质文化遗产，与木帆船建造过程中所包含的艺术内涵与民俗传统不可分割，它们具有浓郁的吴越海洋文化特色。

一、舟船雕绘

　　船舶上的绘画、雕刻、号字，是普陀传统木帆船的独特装饰。

唐至明代，舟山普陀本地木帆船船体较小，在船头、船体、船舷等部位可饰图画、写字号的地方不多，只能饰色“红头船”、“绿眉毛”等。明后期、清代及民国时期，随着大对渔船、大捕渔船和大型流网船增多，渔船上的饰画、号字逐渐流盛。早期渔船上的饰画和号字，由于受到船体小的限制，大多只是在船体后部，如后舱门面、门头盖、“鳖壳”中间或移窗上等，利用船体不同部位一些小小的空隙，画饰“脚踏莲花观世音菩萨”、“八仙过海”、“鱼跃龙门”、“龙凤相嬉”、“大鹏展翅”等；有的绘上历史英雄人物如关公、武松、穆桂英等；临摩书字有“普度众生”、“四海呈祥”、“一帆顺风”、“满载而归”、“年年有鱼”、“岁岁平安”等词语。尤其值得一提的是，普陀近年打造的仿古木帆船的内饰和构造极具民族特色：手工雕刻、镂空的木槅扇门窗、斗拱挑檐，巧妙的布局构思，唯美的细节处理，营造出古典亭台、楼阁、轩榭等建筑的时空效果。

“不肯去观音”号艉部雕刻

普陀传统木帆船的艏部、侧部、艉部，雕刻或彩绘龙、凤、鱼、鸟等图案，有些还雕有威武兽头，色彩斑斓，船饰艳丽，非常显眼。史实证明，海洋渔船船饰字画源远流长，分布很广，是我国整个船饰文化中内容极其丰富的一个重要组成部分。

普陀地区的海洋渔船历史悠久。自古至今千余年来，渔船形成了内容广泛、五花八门和饶有趣味的许多特殊习俗风情。

普陀传统木帆船的船体结构上采用鸟嘴艏、两侧鸟目、浓彩绿眉毛、鸟翼展帆等反映吴越先民河姆渡遗址中体现的鸟图腾信仰文化。在船上设有供奉观音、妈祖、船关老爷等护佑海神的神堂、香座。而在造船过程中，开工、吊龙骨等主构件及下水等关键工序时，也有不同的祭拜形式来祈求平安。

二、造船祭祀

舟山普陀等沿海渔船之敬神祭祀历史非常久远，渔民均信此俗。这种船上祭祀活动，反映了渔民自发祈求天地神灵保佑出海平安顺利的愿望。造船祭神，这是历史上沿海渔区流行最广的一种祭祀，也是礼仪规范比较复杂的祭祀活动。

建造新船开工时，首先要请人挑选一个黄道吉日，并选择一个风水吉利的地点。开工建造时称为"木龙"诞生之时，所以，还必须择在吉日这一天的上午七至九时即辰时这一时间动工，并称为"辰龙"，船匠大木师傅抡起劈下的第一斧头，又称为"看龙"。造船之地点多选择于临海边的滩头或寺庙旁边。相传，海边滩头是海龙王和潮神常临之处，寺庙旁边有神佛海神庇护，这两个地方建造出来的船只最为清爽圣洁，不会受到鬼邪侵害，建成落海之后会永久平安。

在动工时必须于造船工地举办隆重的祭祀龙王仪式：在造船场地上摆放一张八仙桌，其正面朝东南方向的大海，供品祭礼为素食。其祭品供物及摆式有两种方式：一种比较简单的是六盘素菜（包括素三牲）、两支红烛、三支香、十二只酒杯（不摆筷）。祭典开始时，船主点烛焚香，亲手鸣放三个鞭炮，随后在供桌前跪拜，默默祈求龙王、船神保佑"木龙"顺利建成，平安诞生；另一种是祭台（桌）摆在船架旁边，台面顶供上荤素相配的三牲及素菜，还摆上各色糕饼、馒头，也放十二只酒杯（当年闰月放十三只酒杯）。供物

古时新船下水祭祀场景

开船眼祭祀场景

摆齐后，由船主点烛、焚香、敬酒、放鞭炮，下跪祈求海龙王与船神庇佑，建造新船一帆风顺，平安吉祥。上述两种方式主要区别在于祭品繁简，其具体祭祀方法基本一样。

船身上置"龙筋"（俗称"底筋"、"斗筋"或"龙骨"）是新船建造十分重要的大事，相当于家庭造屋"上大梁"一样，所以也要隆重地操办"上龙筋祭"。举行此祭祀，事先也必须请人择日子，而所拣日子不能与船主的生肖、八字相克相冲。在斗筋木上要写上"原木大吉"、"蛟龙出海"等字。这些字必须请村内德高望重、儿孙满堂的老人写，字写好后船主还应送毛巾、馒头等相谢，并要请他吃饭饮酒。在安装斗筋时，船主要先放百子鞭炮，再放六个爆竹，其意为"船传百

岑氏兄弟在北京为"安福舻"号下水继神

代，代代高发"。当斗筋竖起时，用红布、红彩线遮盖，其意象征着渔船出海"红运高照"有个好彩头。"上斗筋祭"的仪式，在船头旁放一祭桌，摆置三牲祭品、糕饼、馒头、豆腐等，现代时尚还摆上三色水果。同时在香炉底下压上一张写着"船神马"三字的红纸。船主点烛焚香，下跪祈祷，祭祀新的"木龙"降临，祈求船神保佑平安顺利。待香快焚烧完时船主焚烧一些绘有经佛的纸钱及"船神马"，并再鸣放六个爆竹，以示送船神回程，万事"六六大顺"之意。

在造船过程中还有安装"龙眼"（船眼）之"封眼"与"开眼"的祭祀。前已记述，除了择定吉日按规定程序于船头两侧装钉"木龙龙眼"（即"船眼睛"），后用红布或红纸将其覆盖，称为"封眼"。

在船建好下水前"开眼",即揭掉遮盖的红布或红纸。开启船眼时,船主要到寺庙敬神求取"开光牒",俗称"开光符",贴在船眼上面,在牒外再挂一缕尺余长的五色彩线,以给龙眼育"神光"。据传,观音菩萨的五彩祥光会赐给"木龙眼"五色眼神,故上彩线开眼时,必须点燃香烛,敬供三牲及水果糕点,供祭观音菩萨,船主下跪敬拜,心里须默默寄语恳求观音菩萨赐予吉祥如意。

新船建造完工船下水时,礼仪祭祀也非常隆重,浙江沿海(包括舟山普陀渔民)俗称为"新船下海祭"。相传,新船下海祭祀分为两种:一种是船在下水时,船主筹办供品,敬祭船神后,举办"下海酒"。由于在沙滩头或寺庙旁造船,须召集众人出力推拉船下水,酒席设在宗族祠堂或沙滩头,凡帮助推船入海者都入座吃酒。另一种是新船竣工后开船首航,俗称"木龙邀游",此时在船头摆上供桌,以全猪、全鸭、全羊、馒头、长面等作祭品,点香燃烛,由船主(船老大)和各种职务船员多人,一一跪拜祈求神灵保佑,出航顺利,船舱满载。

上述不论哪种新船下水和出航,其祭祀仪式举行时,均有锣鼓奏乐,鸣放炮仗,热热闹闹,并且船主要加工制作大批馒头,先是给参加喝"新船酒"的每人发两只馒头,意谓为大家"财满"、"开头"顺利。然后新船开航时,船主还要在船头抛"新船馒头",并且抛得越高越远越好。高,其寓意为捕鱼产量年年高;远,其意味着新船前程远大。馒头谐音为"满意的开头"，以讨吉利彩头。

据史书记载，造船祭神，旧时在我国的浙江、福建、广东、江苏、上海等沿海地区都较盛行。如今，此种造船祭祀仪式仍在延续。

三、十二生肖与船

据《普陀县志》记载，普陀渔船与内陆渔船一样，历来具有借用十二生肖称呼船上各种部件的民俗。船上的部件众多，在我国沿海各地以十二生肖称呼船上各种部件因方言不同，谐称也会不一样，并没有统一的称谓。

鼠　一种用于固定桅杆的插销，称作"老鼠伏"；一谓篷档中间绑篷用的吊着的一根短绳，称作"老鼠尾巴"。

牛　穿联帆篷用的滑轮，称作"篷纽（牛）子"；加固保护舵柱的舵柱夹，俗称为"牛屁股夹"。

虎　轧住锚缉的插梢，称作"老虎轧"；桅杆底部用作加固桅杆的两块木板，称作"虎窠口"。

兔　放置篷索的舱面称作"土（兔）地堂"；于船旁钉两只形似兔耳状扣绳用的铁扣称作"兔耳扣"。

龙　船头上左右两只角形木板称作"龙椏头"；艏装置起锚时用于固定锚缉的小柱子，称作"龙牙"。

蛇　帆篷撑杆上套着一个篷圈，称作"蛇脱壳"；盘锚绳盘车的属具，里锚用插销和外锚头子，称作"水蛇头"。

马　摆放桅杆用的木架称作"马鞍子"；船用滑轮两侧所装铁板，称作"马面"。

羊　固定帆篷方向用的插销称作"羊角伏"；钉于桅杆中间供拉帆绳用的形如"羊角"的木伏，称作"木羊角伏"。

猴　船老大掌舵所站的舵舱，称作"后（猴）八尺"；位于风篷后面一木制的形如猴手的扣子，供扣风帆用，称作"猴手扣"。

鸡　舵杆露出水面部分称作"雄鸡头"；用木刻件钉在舵板前端部位的部件，称作"鸡爪"。

狗　升降帆篷的滑轮，称作"钩（狗）头"或"钩（狗）镙"。

猪　摇橹时搁橹的橹柱，称作"橹鸣嘴(猪)"；船头置舱称作"猪头舱"。

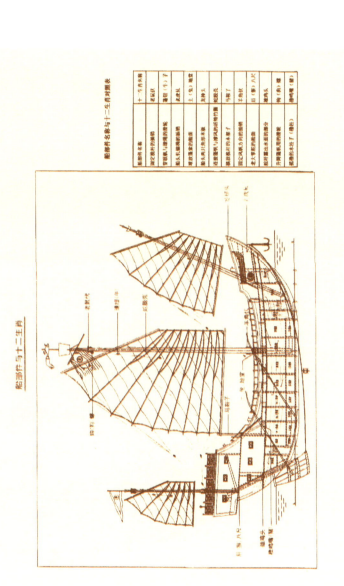

船部件与十二生肖

船部件名称与十二生肖对照表

普陀传统木船制造技艺的传承

千百年来，在舟山海岛上产生过无数个以修造船舶为生的能工巧匠，形成了众多为造船服务的小作坊、工场和木行，岑氏木船作坊便是其中的代表。岑氏木船作坊造船历史一直可追溯到十九世纪末，到如今已有四代传人。

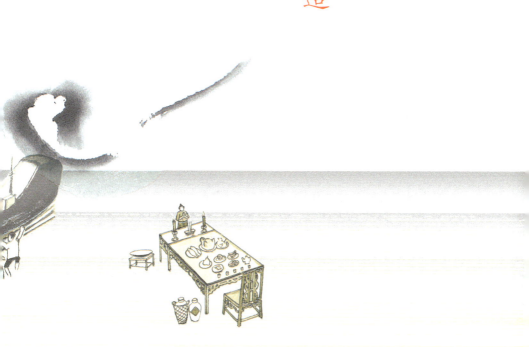

普陀传统市船制造技艺的传承

[壹]舟山普陀木船作坊创始与分布

普陀木船作坊，传说起始于两晋时期的孙思起义军所创建的舟船作坊，但其遗址今已无处可寻。现在有史可查的最早的作坊当推明代嘉靖年间的双屿港造船作坊。据不完全统计，自明代至今，普陀沈家门等地的木船作坊（场、坞）及有关把作师、大木师传人有以下几十家：

双屿港船舶修造坞：位于六横岛。始建于明嘉靖初年。《甓馀杂集》载，嘉靖二十七年（1548年）四月，御史朱纨遣都指挥卢镗捣毁双屿港海上走私集团，并将"止留阁坞未完大船"、"俱各焚烧尽绝"。

芦花浦邵岙船舶修造作坊：位于邵岙溪滩，约始建于明末，时为修造南明鲁王水师舰船。清初迁民国时废。

芦花浦观矸头余氏船舶修造作坊：位于观矸头溪滩。创建于清同治年间，年修造木船数十艘。民国年间有造船把作师传人庄成富等。新中国成立前夕停办。

沈家门墩头船舶修造作坊：位于沈家门墩头滩涂。始建于清光绪初年，年修造木船百余艘，民国年间有造船把作师传人紫孝友等。

沈家门长茂船厂：位于沈家门西南沿港。前身为始建于清光绪初的长茂船具作坊，后扩建为船厂，年修造木船百余艘。民国年间有把作师传人周坤元等。1951年8月，与天益船厂合并扩建为沈家门渔船修造厂。

沈家门天益船厂：位于沈家门西南沿港（今兴建路）一带。始建于民国十七年(1928年)，年修造木船百余艘。1951年8月与长茂船厂合并扩建为沈家门渔船修造厂。

沈家门长兴船厂：位于沈家门西南沿港。始建于20世纪30年代，年修造木船百余艘。20世纪50年代初停办。

舟山船厂：位于沈家门兴建路6号。前身为1951年8月长茂，天益两厂合并扩建的沈家门渔船修造厂，职工四百余人。1952年8月更名为舟山渔船修建厂，是年修造渔船一百七十艘。1954年3月，易名地方国营舟山船厂。1952年至1978年后开始批量生产钢质船舶。木船把作师传人有胡良富、金瑞定等。

普陀船厂：位于沈家门兴建路西段。前身为20世纪50年代初创建的沈家门船舶社、展茅船舶社和沈家门镇船具社三家企业，1973年11月合并成立普陀县船厂，占地15万平方米。该厂研究定型的渔船图形为舟山乃至浙江沿海新型渔船范本，为中国渔船制造业作出重要贡献。1978年3月更名普陀船厂，时在修船旺季有技术工人、临时帮工等两千余人。年修大、中型木质渔船五百余艘。有造船把作师传人阿文、方金法、李建定、天松一等。20世纪90年代以后，开始批量生产钢质渔船。

六横船厂：位于六横岛。始建于1953年，年修造木质渔船百余艘。

桃花船厂：位于桃花茅草岙。始建于1954年，年修造木质渔船近百艘。

舟山水产供销公司船舶修造厂：位于鲁家峙三道头。前身为1958年7月始建的舟山渔场指挥部东海船厂。1961年改名为舟山水产供销公司船舶保养厂，1973年改名为船舶修造厂，年修造木质机动运输船近百艘，当时有造船把作师传人柴阿范、刘阿能等。20世纪80年代初改造钢质运输船。1984年4月改名为舟山第二海洋渔业公司渔轮修造厂。

普陀县航运公司船厂：位于沈家门墩头。始建于1964年，年修造木质运输船数十艘。当时有造船把作师传人黄林富等。

普陀台门船厂：位于门横台门。始建于1968年，年修造木质渔船数十艘。

普陀县海运公司船厂：位于鲁家峙岛。属县港务局集体企业。始建于1970年，年修造木质机动船数十艘。

普陀县水产公司船舶修造厂：位于鲁家峙十道头。前身为1972年创建的县水产公司修船组。年修造木质机动运输船数十艘。造船把作师传人有吴立三等。

西岙船厂：位于朱家尖兵船湾。前身为50年代村民自发的沙滩船作坊，1972年组建成立西岙船厂。时为社办企业。年修造木船百余艘。

虾峙区船厂：位于虾峙小虾峙村。前身为60年代村民自发的滩涂修船作坊，1976年组建成立虾峙区船厂。年修造木船百余艘。

虾峙船厂：位于虾庙湾村。始建于1976年，年修造木船百余艘。

龙山船厂：位于六横龙山。始建于1976年，时为社办企业。年修造木船百余艘。

对峙船厂：位于桃花对峙。始建于1976年，时为社办企业。年修造木质机动渔船数十艘。

顺母船厂：位于朱家尖礁门村。前身为60年代以来村民自发的滩涂修船作坊。1978年创建顺母船厂，时为社办企业。年修造木船百余艘。

朱家尖船厂：位于朱家尖纱帽尖村。始建于1977年，时为社办企业。年修造木船百余艘。

白沙船厂：位于白沙岛。始建于1978年，时为社办企业。年修造木船数十艘。

黄石船厂：位于虾峙黄石村。始建于1978年，时为村办企业。年修造木船数十艘。

青浜船厂：位于东极青浜岛。始建于1978年，时为社办企业。年修理木船数十艘。

沈家门船舶修造厂：位于沈家门鲁家峙右岸山嘴。始建于1980年，时为鲁家峙渔业队企业。年修造木船数十艘。

新港船厂：位于沈家门墩头。前身为村民自发成立的滩涂修船作坊。1980年组建为新港船厂，时为西区渔业队企业。年修造木船数十艘。

樟州船舶修造厂：位于朱家尖樟州村。前身为村民自发成立的沙滩修船作坊，80年代初组建为修造厂，时为村办企业。年修造木船数十艘。

沈家门船舶修造二厂：位于沈家门鲁家峙后岸山嘴。始建于1980年，时为荷外渔业队企业。年修造木船数十艘。

新港船厂：位于沈家门墩头。前身为村民自发成立的滩涂修船作坊。1980年组建为新港船厂，时为西区渔业队企业。年修造木船数十艘。

涨起港船舶修造厂：位于六横涨起港村，创建于1984年，时为村办企业。年修造木船数十艘。

凉湖船厂：位于虾峙凉湖村。创建于1987年，时为村办企业。年修造木船数十艘。

根据以上调查情况表明，普陀地区创建于民国及以前的木船作坊且存有记载的仅八家，在新中国成立后陆续建立的有二十七家。据舟山渔船检验处2009年11月统计资料显示，现承担修理渔船业务的船厂、公司、中小企业达三十五家，中小型渔船建造企业八家，至于整个舟山地区在改革开放后转建、扩建的大型现代化造船厂约三十四家，则全是建造钢质大型船舶的企业。在舟山普陀，唯独岑氏木船作坊仍坚持传统木帆船制造、改装业务。除了岑氏父子等，尽管有少数建造木船的把作师、大木师仍健在，如普陀虾峙俞其昌、普陀六横傅良明、普陀朱家尖丁振华、定海陈国士等，但均已年事较高，或已转行，因此普陀传统木船制造技艺的抢救与保护是急迫的。

[贰]岑氏木船作坊创业与开拓

千百年来，在舟山海岛上产生过无数个以修造船舶为生的能工巧匠，形成了众多为造船服务的小作坊、工场和木行，岑氏木船作坊便是其中的代表。岑氏木船作坊造船历史一直可追溯到19世纪末，到如今已有四代传人。

1. 家族迁移，扎根普陀，创建作坊

作坊创始人岑明赐出生于1860年，从小随父从大陆移居到定海小门，1876年拜师学做小木及大木(当地习惯称建造船体结构的师傅

为大木师傅，制作船上属具、家具、雕饰等木匠为小木)，开始以帮人家修船和船上一些小木活为主，1900年创建了造船小作坊。当时打造的主要是小对渔船、舢舨渔船等小型木帆船。

第二代传人岑阿友1896年出生，从小随父学习船上小木，后又学习大木，1915年开始在自家小作坊独立打造中型木帆船，后把作坊迁移到普陀，岑家也随作坊迁居到芦花浦观矸头村。观矸头村的中挼浦有适合造船的岸线，可以直接进小干港(现称沈家门港)通大海，岑氏木船作坊就选在了航运便利的中挼浦。

2. 第二、三代人艰辛创业史

1925年，岑阿友在中挼浦滩边建造了一座50多米长的船坞，专业打造"花大对"等中型木帆船，打好的木船可以直接行驶至小干港，交付给船东。1953年，平阳浦老板桥改造成了矸门桥，出海通道中断了，因此作坊又搬迁前移到平阳浦岸边。

岑阿友有四个儿子、一个女儿，自从在中挼浦创建木船作坊后，岑氏家业也达到了兴旺阶段。当时全家老小都加入了造船行当，四个儿子跟随父亲学造船，最忙时连几位媳

岑氏木船作坊第二代传人岑阿友夫妇

岑氏木船作坊第三代传人岑全富大木师

妇都参加辅助劳动,有的缝制篷帆,有的斩麻筋,连拌桐油石灰、吊麻捻缝、填麻板等技术活也能帮上几手。

岑氏家族除给别家造船,自家还造运输船出租,最多时有八条渔船及运输船,他的几个儿子除能造船外,还有一手过硬的撑船本领。

第三代传人岑全富排行老三,1936年出生,十六岁开始跟着父亲造船,先学大木的基本技艺,三年后满师开始学船体打样放线,并能独立承担建造各类式样的木帆船。1958年岑全富继承木船作坊后,随着浙江海洋经济的发展,开始扩大生产规模,成批打造渔民所需求的各种木帆船。2009年,被评为省级船模制作技艺项目代表性传承人。

3. 第四代传人成长史

岑全富的三个儿子岑国和、岑国年、岑武国先后从中学毕业后,学习造船手艺,成为第四代造船传人。20世纪50年代至70年代,修造木船生意一天比一天红火,家族成员岑国平、岑和平、岑永年、岑文平等岑国和的堂兄弟也加入了打造木帆船行列。20世纪80年代初，最兴旺时期岑氏家族分别办有三家木船作坊。

20世纪80年代末，随着钢质渔船的普及，木帆船在渔业生产中逐渐淘汰，岑氏木船作坊也面临着生存危机，因此岑氏家族另两家作坊被迫改行，而岑国和、岑武国兄弟俩在父亲的带领下仍坚守传统木船制造技艺，开始承接制作仿古景观船和仿古船模，同时也制造些家具维持生计。

岑氏木船作坊第四代掌门人岑国和，1956年出生。1975年完成中学学业后随父学艺。1978年，满师后能承担木帆船设计与制造任务。2002年后重组木船作坊，并任总经理，成为岑氏木船作坊当代传承人。2008年，被评为省级传统木帆船制造技艺项目代表性传承人。

改革开放后，舟山掀起了海洋文化旅游热，各地有关部门对仿古景观船需求量也随之增加，岑氏木船作坊紧紧抓住这个大好时机，承接一些仿古木帆船制作业务，尽管业务量少，经济效益差，但还是使他们对作坊的生存看到了一线希望，明确了作坊今后发展的方向，坚定了走传统木帆船制

岑氏木船作坊第四代传人岑国和

造之路的信心。

为了打造岑氏仿古帆船品牌，岑氏父子几人刻苦钻研中国古代历史，研究有关古船的历史书籍和资料，并与有关船舶科研院校挂

武汉理工大学古船研究专家席龙飞在岑氏木船作坊研究工地研究指导

钩，向有关专家、教授请教，先后结识了中国造船工程学会杨槱、辛元欧、郑明、唐志拔、席龙飞、顿贺等古船专家。他们虚心向有关专家学习中国古帆船制造技术及历史文化，使自己的设计和制作技艺不断提升，岑氏木船作坊制作的仿古帆船和船模也达到复原如古、造型精美的水平。特别是2002年代至2003年为朱家尖打造"绿眉毛·朱家尖"号仿宋三桅鸟船型木帆船后，岑氏木船作坊在国内外的知名度有所提高。这是岑氏木船作坊发展的转折点，从此以后，作坊业务量也逐步扩大，打造仿古船为这小小的作坊带来了勃勃生机。

4.第四代传人坚持传承、创新、发展

岑氏父子坚持祖传手艺，又虚心学习国外帆船先进技术，使西方帆船科学技术融入中华传统木船工艺。1998年，德国航海家托马斯·霍普博士经海内外考察，选定岑氏木船作坊设计建造欧式全木

结构帆船。经过两年的共同合作，2001年完成了符合国际帆船标准的"卡尔欧"号（CAROL）木帆船，使古老的中华传统木帆船制作技艺走出亚洲、驶往欧洲。

"卡尔欧"号航行在台湾

2001年，舟山朱家尖风景旅游管委会傅良国书记，创意策划建造"绿眉毛·朱家尖"号浙江鸟船型仿古木帆船，岑氏木船作坊中标。2002年参加设计、承包建造，于2003年完工，这是舟山及全国第一艘有航海能力和资质的仿古传统木帆船实船。

2003年下半年，岑氏木船作坊又为舟山朱家尖旅游投资开发公司成功建造了"独捞"、"大对"、"黄鱼对"、"沈家门小钓"等多种不同类型的木质单桅双橹传统渔船，陈展于乌石塘海湾景区。

2003年4月，岑国和应邀参加了由中国造船工程学会船史研究会、科技咨询工作委员会、北京郑和下西洋研究会（筹备组）主办的郑和古船复原座谈会。会后，岑氏父子依据专家考证的书面报告，又参考有限的图像资料，凭着祖传木船的印象和手艺，用1:30的比例制作了中国第一艘两米多长的"二千料"海船型郑和宝船船模，当年先后送南京宝船遗址公园、上海海峡两岸郑和下西洋研究会、北京人民大会堂展示，受到高度评价。后经专家评审提出建议，制作了改进型船模，2005年6月被中国

"二千料"郑和宝船船模

国家博物馆、纪念郑和下西洋六百周年大型展览和上海国际海洋博览会，收藏陈列。

2004年1月，中央电视台委托岑氏木船作坊建造五艘郑和下西洋船队的古船模型，作拍摄郑和下西洋六百周年纪念大型纪录片之用，在摄下制作的全过程后，船模已被国家交通部收藏。

2004年至2005年，舟山黄金海岸文化旅游开发公司筹划建造水上公园，岑氏木船作坊为公园设计、建造三十余艘的大型船模和小型木质渔船实船，这些船模、实船分别长1米至4米，显示出二十多种浙江传统木帆船船型。

2006年10月，中央电视台要拍摄《重走大运河》电视连续剧，曾委托岑氏木船作坊制作了仿明漕运官船模型。

2006年3月，作坊又为德国东方贸易有限公司精心设计建造了

三艘长7米的欧式木质运动比赛帆船。

2006年为了迎接瑞典"哥德堡"号访问舟山，组织中华仿古船队海上大巡游，又为纪念鉴真和尚于唐开元年间四次扬帆均经过舟山海域，最终到达日本的历史壮举一千二百周年，普陀区政府本着扶持本区传统木帆船手艺传承的意图，委托岑氏木船作坊利用旧木渔船改装建造了仿唐"鉴真"号三桅木帆船，探索复原了一千二百年前的唐代船型。

2007年，西安市政府为开展纪念中日建交三十五周年和日本遣隋使访问中国大兴一千四百周年活动，委托岑氏木船作坊制造仿"遣隋使"号古船。这艘船是岑氏兄弟和西安师范大学、中国唐史学会及北京郑和下西洋研究会学者共同考证研究开发的。船长约15米，最宽处约5.2米，木材全为来自海外的桃花心木。主桅高12米，篷帆特用竹片制作。大会期间，中日两国贵宾和学者都高度评价这艘船的仿古形态和手工制造技艺。

2007年，获悉北京市为了让奥运火炬通过京杭大运河传递进京，有意打造一艘仿古船，岑氏兄弟心生用百年木船制造技艺为奥运出力的想法。

"遣隋使"号仿古帆船

仿古船"安福舻"号被确定为采用木包钢结构，作坊虽有建造钢船的能力，却未申请和获得建造钢船的资质，作坊于是与温岭长宏造船有限公司合作投标获得了承造权。为了造好此船，岑氏兄弟带领三十多名技工，从2008年1月中旬起在北京冒着严寒日夜赶工，连春节都没回家，至6月底按时完工。除了"安福舻"号仿古船外，还打造了两艘仿古漕舫游船护送着"安福舻"号完成奥运火炬传递，并在通州成为大运河末段水域中的精彩仿古游船。

"安福舻"号仿古船正在传递奥运火炬

杭州运河漕舫手划船

2008年5月至9月，杭州市运河综合保护开发建设集团公司在获悉岑氏木船作坊是国家级"非遗"项目传承单位后，专门派人来舟山委托作坊为杭州运河景观水域建造长8米仿明手划游船六艘。现在，这些具有漕舫船样的游船正用于京杭大运河的首段水域。

2008年初，上海中国航海博物馆正紧张筹建，这是经国务院批准、由交通运输部和上海市人民政府共同筹办的大型国家级航海主题博物馆，主要展示中国航海事业的发展历程、中国航海事业的新技术及其对世界航海科学发展的贡献。该馆组织专家研讨确定在馆的中央大厅展示一型代表中华传统舟船的典型古船。经反复论证，决定选用"仿明福船"，并在全国范围内组织设计建造招标。经福建、江苏、浙江岱山与岑氏木船作坊四家竞标，岑氏木船作坊以优质、低价中标。这艘仿明代福船实船，长31.3米，宽8.5米，按1:1比例打造，船的外形、结构尽力复原古貌，观众可登船入舱参观。又按能够下水航行的实际要求组织建造，显示了海船的真实性。福船正是当年郑和下西洋舟师中的一种典型船型，具有优秀的航海性能，兼作运输船和护卫船。仿明福船按要求于2010年初完成，在7月开馆仪式时以实船形态放置于航海博物馆中央大厅内陈展，显示了中国造船航海的悠久历史，受到海内外各界人士的赞誉，成为馆藏珍品。

2009年，普陀山管理局委托岑氏木船作坊建造"不肯去观音"号仿古帆船。这艘仿唐船三桅三帆，主桅高24米、前桅高19米、后桅高13米，船长43米、宽11.5米，九十八个客位，载重500总吨位。按照要求，这条仿古船既要体现普陀东海佛山寺庙和浙江传统帆船风姿，又要使该船符合海事、船检等航海安全规定，还要满足海上旅游观光的实用需求。所以，设计建造都花费不少心思。首先由岑氏木船作坊与浙江欣海船舶设计研究院开展合作设计，岑氏兄弟绘制全船方案外形总图、枪钢结构框图、线形草图等，由"欣海"按现代造船设计程序完成全部技术设计图纸和计算书，经舟山船检部门审图核准。在建造时，先由舟山凯灵船厂造好钢质船体，再由岑氏木船作坊建造包钢木质外壳，船上的木质雕饰彩绘等也体现了普陀山不肯去观音院的唐代寺院建筑风格，使"不肯去观音"号既有古朴的外貌，又具有远航能力，成为舟山海洋舟船文化和佛事交流的形象使者。全船经2010年9月严格试航，已正式交船。

2010年初，岑氏木船作坊又为台湾仿古船缝制专配的风帆。台

准备启航的"不肯去观音"号仿古帆船

匠师正在为台湾仿古船装帆

南市在打造郑成功时代的台湾船时，因相关风帆制作工艺在台湾已经失传，经普陀区台办及有关部门联系，区政协委员胡牧牵线，委托岑氏木船作坊为其仿古船制作风帆。作坊聘请了舟山普陀制作篷帆的严信昌老师傅指导设计，并经剪裁、拼缝、打样、缝边、加筋等十多道工序，用了半年多时间，完成全手工缝制的台湾仿古船风帆。该船帆采用鸟船与福船相结合的传统篷帆样式，头帆长9米、宽6米，主帆长15米、宽12.5米，主帆面积近200平方米，于3月运抵台湾。4月至5月间，由岑武国、郑文兴等专业匠师赴台指导安装调试，受到台方各界人士高度赞扬，为海峡两岸舟船文化交流作出了贡献。

舟山市普陀岑氏木船作坊从2003年起筹划重建，2004年10月26日申请，由舟山市工商行政管理局普陀分局发给合伙营业执照，确定其经营范围为仿古木船制造，仿古木船船模制作、销售，货物进出口等。2004年底开始租用舟山海洋渔业公司渔轮修造厂的车间，组织仿古船及船模制造。2010年3月15日改制为舟山岑氏木船制造有限公司，并扩大经营范围为仿古船、游艇、木包钢船制造，仿古木船船模制造、销售，货物进出口，古船设计等。注册资本增加为一百万。

一百多年来，岑氏四代人造船数量超过千艘，岑氏木船作坊也由此成为中国浙江舟山木帆船制造技艺中的代表。岑氏木船作坊打造的木帆船主要分为仿古木帆船系列、渔船系列和仿古船模系列。仿古木帆船除了航海安全、性能优异，又有实用价值，造型也美观大方，如船上各部位的雕饰工艺、民俗绘画等，充分体现了当地民间手工艺技术的发展水平和民俗文化的传统内涵，具有特殊的海洋文化艺术魅力。

舟山市在建设海洋文化名城中，市、区两级政府非常重视舟船文化在海洋文化中的地位，因此对作为国家级非物质文化遗产保护项目及岑氏木船作坊给予高度支持，在各方面也给予优惠和扶持。市委常委、宣传部部长江建国，王忠志副市长，市人大常委会冯淑仙副主任等有关领导多次视察岑氏木船作坊，普陀区委书记吴晓东、副书记傅良国、区委宣传部部长张捷、副区长方维等领导也多次到作坊指导工作，鼓励他们继承祖业，开拓创新，还多次研究考虑划拨场地供作坊发展。区文化广

舟山市副市长王忠志（左）视察指导岑氏木船作坊

电新闻出版局局长张剑飞、副局长吴萍儿在作坊现场办公协助解决了不少问题，又多次指派区非物质文化遗产保护中心忻怡等学者帮助撰写《百年岑氏　大海传奇》精美画册。普陀区政府文化行政管理部门也积极配合，极力扶持作坊业务，打造普陀古帆船品牌，并积极申报市、省、国家级非物质文化遗产保护名录。省、市、区新闻媒体也高度重视，大力进行宣传报道，提升了舟山传统木帆船制作技艺在社会上的地位。

[叁]舟山普陀帆篷业的传承

舟山本地为江浙一带木帆船配制传统风帆的历史情况，是2010年9月12日由普陀区沈家门街道老帆匠师严信昌介绍的。严信昌出生于1932年10月，现年七十八岁，身体尚好，但听力不佳。夫人余亚琴，出生于1935年12月，现年七十五岁，育有一子三女。

　　严信昌匠师祖籍宁波镇海，祖父即以制造木船风帆为业，父辈伯叔三人迁居至舟山普陀后，仍继承并开拓，因风帆制作生意兴隆，以姓名分开三家风帆店，分别为"严宝记"、"严宝兴"、"严宝大"。大伯严宝记生有一个儿子，改做滑轮、钩头；三叔严宝大只有一个儿子没有从事风帆制作。父亲严宝兴有三个儿子，都只读了几年小学，文化程度不高但坚持从事风帆制作，心灵手巧，技术高明。严信昌为次子，其兄弟二人现已过世。1953年，舟山普陀成立集体合作生产单位，命名为帆篷社，当时连同严氏兄弟三人在内约二十五人，成为整个舟山唯一的木船风帆设计、建造单位，传承着浙江鸟船特

仿唐"鉴真"号三桅木帆船

严信昌老帆匠师及其夫人在家中与访问者合影（左一为海军后勤装备部原部长、北京郑和与海洋文化研究会名誉理事长郑明）

色风帆的制作、修理工艺，业务十分繁忙，也有外省外地如宁波等的木帆船慕名来求。该社社长为汪宝富（已去世），建社初期严信昌以其技术高超而任车间主任。该单位经历二十多年的繁荣，在木帆船应用与市场走向萧条后逐步衰落，20世纪80年代改为五金机配厂，属二轻局管辖。夫人余亚琴原系制作风帆的技工，也转为该厂职工。严匠师目前作为该厂职工每月拿1790元的退休金。他在退休之后依然热心于传统风帆制作。在进入21世纪以来，先后为"绿眉毛·朱家尖"号、"鉴真"号、"不肯去观音"号、"台湾成功"号等本地和外地航海实船设计制作头帆、主帆、尾帆等中华特色四角纵帆，也为仿明代郑和宝船等大型船模复原研制多桅式风帆。

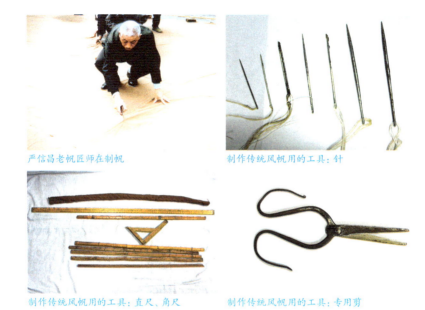

严信昌老帆匠师在制帆　　　　　　　　　　制作传统风帆用的工具：针

制作传统风帆用的工具：直尺、角尺　　　制作传统风帆用的工具：专用剪

　　严匠师家里还保留着祖传的风帆制作工具：木质和竹质直尺（七把，新旧不一，品种不同）、角尺（一把）、顶针皮手套（两只）、专用剪、针（七枚，大小粗细不一，分别为12号、14号、15号），这些工具看似简陋，但在巧手活用下就可以剪裁、下料，制作出面积很大又很实用的风帆。他还保留了两本使用多年的大小木子，上面均是在造船现场对船和帆计算、测量的数据，有着专门的记录文字和数字写法，每船占一至两页，船型众多，从中还有可证明舟山帆匠不仅为本地船只配制风帆，还为宁波等外地船只制帆的记录。

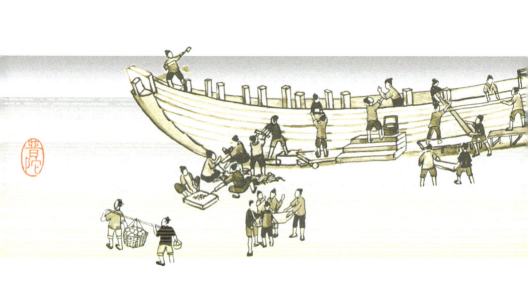

普陀典型传统木船的
价值与影响

浙江鸟船形制从宋代初步形成，到明、清代基本定型，又俗称『绿眉毛』，并延续至今。舟山『绿眉毛』传统帆船的船头像一只鸟头，这个特征正好符合中国舟船史上的『浙江鸟船』，它是延续了近八千年中国舟船文化的缩影，因此具有很深厚的海洋历史文化积淀。

普陀典型传统市船的价值与影响

[壹]舟山普陀传统木船荟萃

舟山的历史，就是一部关于海洋、舟船和渔业的历史。舟船对于海岛有着一种特殊的意义，为了挖掘和弘扬舟山特有的舟船文化，近几年来，普陀区有关乡镇街道投入巨资打造了八条仿古木帆船，用于活化景观、海岛垂钓、观光旅游。

1. "绿眉毛·朱家尖"号：2001年舟山朱家尖风景旅游管委会策划建造 "绿眉毛·朱家尖"号浙江仿古木帆船，长31米，宽6.8米，吃水深2.2米，排水量230吨；采用古老的木制舵，舵长11米，宽2.3米；有三桅五帆，其中主桅高24.5米，主帆三面，使用风力航速最高可达每小时9海里；因船头似鸟嘴呈尖形，又称"鸟船"。

舟山"绿眉毛·朱家尖"号传统木帆

"绿眉毛·朱家尖"号

船，船首形似鸟嘴，简称"鸟船"，因船头眼上方有一条绿色眉而得名，是我国鸟船系列中的优秀船型，并与沙船、福船、广船一起，形成中国古代"四大名船"。现作为沈家门"渔港秀"五条景观船之一。

"绿眉毛·朱家尖"号泊于韩国丽水港（侧后为俄罗斯高桅大帆船）

2004年至2005年间，"绿眉毛·朱家尖"号仿古船从浙江的沈家门港启航，先北上青

"绿眉毛·朱家尖"号航行于福建闽江长乐港

岛，然后沿郑和航海路线和海上丝绸之路，南下到宁波、温州、泉州、厦门、深圳，来到广州。总航程近5000海里。

2007年5月3日至7日，"绿眉毛·朱家尖"号作为我国唯一一艘古帆船代表参加了在韩国丽水市举行的国际帆船节。由此开创了新中国成立以来中国古帆船参加国际帆船节的先例，同时也成为"中韩文化交流年"众多活动中的一个亮点，它将开创中国传统木帆船

"鉴真"号

"鹿鼎记"号

"桃花岛"号

"黄药师"号

和国际高端游艇之间的文明"对话"，进一步推动国际间海洋文化的交流和合作。

2."鉴真"号：复原了一千二百年前的唐代船型，船长30.5米，总宽6.3米，总吨位150吨，船上配置了前桅、主桅、尾桅，张挂矩形布帆。艉部设双尾橹，操舵采用木质舵杆、舵柄，艏部配木杆石碇及前绞关。

3."鹿鼎记"号：2006年5月，桃花镇为配合电视连续剧《鹿鼎记》拍摄，打造了两艘大型鹿鼎记战船。该船主要是剧中韦爵爷韦小宝率军攻打神龙岛、通吃岛之用。该仿清古战船长35米，宽6.5米，主桅高22米，船上装有大炮十一门，还设有司令台、点将台等。

4."桃花岛"号：桃花镇为配合电视剧拍摄而打造"鹿鼎记"号仿古战船，拍摄完成后，该船成为桃花岛环岛旅游船只，又与来访的瑞典"哥德堡"号仿古船结为友好的姐妹船，同时更名为"桃花岛"号，现作为沈家门"渔港秀"五条景观船之一。

5."黄药师"号：2001年9月，由著名导演张纪中执导的《射雕英雄传》在桃花岛拍摄，剧中桃花岛岛主黄药师进出桃花岛的船只就是这种花船。该船长22米，宽4米，内部装潢典雅古朴。拍摄完成后，该船成为桃花岛环岛旅游船只，现作为沈家门"渔港秀"五条景观船之一。

6.普大捕1号船：是清乾隆、嘉庆年间从象山和镇海一带传入舟山的木帆渔船，成为在舟山海域历史较长的重点渔船之一。新仿造的大捕船船长19.6米，宽3.8米，主桅高12米，置两道篷帆。现用于白沙岛作为国家级海钓培训基地、省级休闲渔业示范基地的特色装备开展海上垂钓、观光等休闲渔业活动。

7.普大钓2号船：大钓船源于福建省南部，后由于福建渔民常来舟山渔场捕钓并在沈家门渔港停泊，促使舟山本地也仿造大钓船，一直沿用至20世纪60年代。大钓船为"母子式捕钓船"。新仿造的普大钓2号船船长26米，宽5.2 米，主桅高17

普大捕1号船

普大钓2号船

普打洋3号船

米，现为蚂蚁岛海上观光渔船。

8.普打洋3号船：打洋船原是福建及浙江温州一带渔民常用的渔船类型，主要捕捞小黄鱼、大黄鱼、带鱼等鱼类。民国初引入舟山，一直沿用至20世纪70年代。新仿造的普打洋3号船船长23.2米，宽4.5米，主桅高15米，是六横岛海上观光渔船。

[贰] "绿眉毛" 型海船的价值与影响

一、"绿眉毛" 型海船历史考证与特征

河姆渡文化遗址的考古证明，早在七千年前，浙江先民就已懂得刳木为舟、剡木为楫，开始了水上航行，向海洋索取生活资料，开拓对外交流空间。1982年，在渤海湾海底发现一件侈口陶釜。这种陶釜，在山东半岛、辽东半岛一带的史前文化中均未见到，但与河姆渡文化遗址发掘出来的陶釜类同。它表明，浙江先民曾经驾驭着简单的航海工具到达渤海湾。这也意味着，中国海洋文化正是由河姆渡先人肇始的，浙江是中国海洋文化的发源地之一。

西周时期，吴越先民已能制造木板船，并从宁波古港出发，沿海岸北航，然后溯河而上，抵达周都镐京。这就是《竹书纪年》所载的"成王时于越献舟"。

唐代的宁波（明州），凭借得天独厚的地理环境，成为东亚"海上丝绸之路"的始发港。吴越海商驾驶着自己制造的木帆船，从明州（望海镇）启航，过舟山群岛放洋，用三昼夜时间横渡东海，到

日本的值嘉岛那留浦，再进入博多津。返回时由日本太宰府鸿胪馆启程至值嘉岛，历经四昼夜横渡东海，抵达明州（丹石岙）港。这在一千二百年前绝非易事，指南针尚未发明，似乎只能"听天由命"，但先民却能凭借已掌握的大洋环流和季候风带往目的港。

在漫长的航海探索史上，唐代的李邻德、张支信、李延孝等是记载于史书上的浙江优秀的航海家和造船家。其中被称为"唐商团"的李邻德家族，曾在明州港与博多津之间往返百余次。张支信则以日本肥前松浦郡港为基地经营海运业，参与其事的有三十七人。李延孝商团更是多达四十三至六十三人，活动于明州港和值嘉岛。他们使用的木船已发展为两桅以上的帆船。

北宋宣和五年（1123年），浙江船匠奉宋徽宗旨意，建造了两艘"神舟"，与六艘客舟一起从镇海启碇出使高丽，途经沈家门、普陀山，祭祀候风放洋。使者徐兢在《宣和奉使高丽图经》中称："客舟十余丈、深三丈、阔二丈五尺"，"大樯高十丈、头樯高八丈"，"可载二千斛粟"。而"神舟"的长、阔、高、大、人数及器用什物，"皆三倍于客舟也"。在海上航行时"巍如山岳，浮动波上，锦帆鹢首，屈服蛟螭，所以晕赫皇华，震慑夷狄，超冠今古"。

由此表明，在宋代时浙江地区已出现了鸟头造型的舟船形制，并被传称为"鸟船"，其艏艉两头翘，艏柱和上端照面板呈鸟嘴状，倒八字形的艏部两舷侧雕绘有黑白相间的"鸟目"。如此船型，源于

"绿眉毛·朱家尖"号

河姆渡先民对鸟图腾的崇拜，在河姆渡新石器时代遗址出土一块象牙雕刻，上面用阴线刻着两只飞鸟拱护着中间一个熊熊的火球搏击升空的画面。远古的人们认为太阳是靠神鸟作为飞升天穹的运载工具。河姆渡先民的后代面对变幻莫测的大海，把"双鸟升日"文化信仰融入制造舟船的劳动中，期盼自己驾驶的舟船能像飞鸟一样，自由地搏击大海。

浙江鸟船形制从宋代初步形成，到明代、清代基本定型，又俗称"绿眉毛"，并延续至今。舟山"绿眉毛"传统帆船的船头像一只鸟，这个特征正好符合中国舟船史上的"浙江鸟船"，它是延续了七千年中国舟船文化的缩影，因此具有很深厚的海洋历史文化积淀。2002年，舟山普陀朱家尖旅游风景管委会创意策划仿造"绿眉毛"型传统木帆船，其线型图由当年建造过传统木帆船的丁振华大木师手绘。

除了这艘舟山仿造的"绿眉毛"号传统木帆船外，在今天的中国各海域已很难见到其他较为完整的浙江传统木帆船。2010年，普

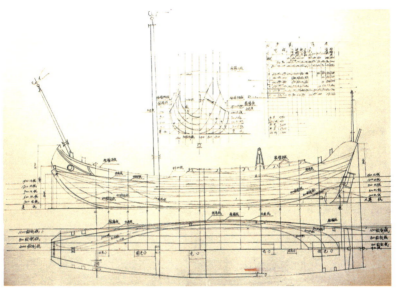

丁振华大木师傅手绘的"绿眉毛·朱家尖"号线型图

上海港内"绿眉毛"船的老照片

陀区政协委员胡牧在第参观十五届上海国际游艇展期间发现一张老照片，照片中有艘航行于黄浦江上的"绿眉毛"木帆船，头帆、主帆已升起，正向吴淞口方向航行，艉舵、舫舷侧外观均隐约可辨，估计船长约20米。照片上外滩的汇丰银行清晰可见，其侧旁的海关大楼正在建设中，据此可判断照片摄于20世纪30年代的黄浦江上，这反映出那个时期，"绿眉毛"型浙江鸟船已成为上海港内乃至长江三角洲航线上重要的贸易船舶。日本船史专家松木哲教授曾经提出："日本自30年代起，由于现代机动船技术的冲击，木帆船已经绝迹，忽视了对古帆船的保存和复原。希望中国不要重蹈日本的覆辙。"由此，我们深感舟山"绿眉毛"传统木帆船21世纪在普陀的再现，已经不是一般性生产劳动工具，而是为中华民族传承一种优秀的海洋文化，弘扬一种开拓的航海精神。

二、"绿眉毛·朱家尖"号把普陀舟船文化遗产推向全国兼及亚洲

"绿眉毛·朱家尖"号对海军老领导们很有影响，张序三、郑明、李方来、霍玲等将军，先后从北京来舟山参观出航，连同对普陀其他仿古木帆船都赞不绝口。郑明和肖殿川两位海军少将激情满怀地写了一首《颂中华帆船——"绿眉毛·朱家尖"号》的三十行长诗，热情地赞颂了普陀木帆船重现于20世纪，复活了中华传统木帆船制造技艺，又在祖国海洋与舟船文化上创造出鲜明的光辉形象与突出的社会影响。现将这首诗转载如下：

"绿眉毛·朱家尖"号与"哥德堡"号航行在沈家门渔港

"绿眉毛·朱家尖"号船员与韩国市民合影

《颂中华帆船——"绿眉毛·朱家尖"号》

舟山古城世闻名,

万帆曾集普陀港。

朱家尖镇创新举,

复原建造"绿眉毛"[1]。

传统船艺沿至今,

宋代古韵悠然现。

群英聚舟扬风帆,

环游列岛逞英豪。

云航三港[2]穿江海,

---

[1] 中国古代木帆船,四大系列即沙船、鸟船、福船、广船。浙江流行的"绿眉毛"船,属鸟船,起源于宋代,盛行于元代、明代,沿用至20世纪60年代.

[2] 三港,指因郑和下西洋活动而闻名的南京、太仓、长乐,访问时航海穿过长江,跨越东海。

鹏程万里跨海疆。

郑和航迹又重闪,

拍得影碟播四方。

洋山新港庆海节[1],

古船巨舶共争光。

迎接"哥船"[2]访舟海,

喜结姐妹友好船。

俄中风帆聚韩港[3],

丽人皆夸中华帆。

国际影坛[4]频光顾,

古船之星固吾彦。

深藏家门[5]渔港秀,

---

[1] 第二届航海日主题活动于2006年7月11日在洋山港举办,邀请"绿眉毛"船、科考船、大货船等并靠于码头来祝贺。

[2] 2006年,瑞典"哥德堡"号仿古帆船应邀访问舟山普陀港、桃花岛等,"绿眉毛"船率舟山仿古船队进行海上迎送巡游,盛况空前,双方友好协商结为姐妹船。

[3] 2007年,"绿眉毛"船应邀访问韩国丽水港,参加国际帆船节,与俄、韩等国帆船相聚,韩国妇女、儿童争相登上"绿眉毛"船参观、作画。

[4] 2005年至2009年间,英、美、日等国及我国影视界名导多次率明星来舟山,拍摄古装海上历史影片或文献纪录片。

[5] 普陀区在沈家门海港内的"绿眉毛"船及多艘仿古船上靠岸表演传统节目,作为夜间"渔港秀"。

台湾来寻古船脉[1]。

本是同根互相帮，

更喜来日一脉享。

普陀献出古帆艺，

岑氏作坊美名扬。

国家颁入非遗榜[2]，

狮城、港岛留华船[3]。

北上南下传手艺，

北京、杭州古船游[4]。

三、海内外媒体对"绿眉毛·朱家尖"号传统木帆船的关注

曾几何时，舟山"绿眉毛·朱家尖"号传统木帆船一度成为国内新闻媒体的宠儿，每一次航海实践活动，都被争相报道，各大媒体随处可见。在百度、谷歌等搜索引擎上，输入"绿眉毛"关键词，相关

---

[1] 台南市要仿造17世纪台湾船，派学者、工程技术人员来舟山探寻木船及风帆传统结构与技艺。

[2] 浙江省将舟山普陀木船技艺申报获批为国家级非物质文化遗产项目；岑氏木船作坊岑国和大木师为国家级非物质文化遗产手艺代表性传承人。

[3] 普陀岑氏木船作坊复仿的郑和宝船大型船模，不仅被中国国家博物馆陈展，而且分别被新加坡国立图书馆、香港愉景湾游艇会收藏。

[4] 普陀岑氏木船作坊和有关单位合作，分别为北京通州及杭州大运河仿造清代"安福舻"皇家游船、漕舫及手划游船等。

新闻数以万计。目前已经有美国、英国、日本、韩国等国外媒体和港台、国内多家主流媒体对"绿眉毛"作过报道，"绿眉毛"也已经成为舟山海洋文化的独特亮点和城市名片。

一艘复原的浙江仿古船何以有如此之吸引力，被媒体所关注？

自从英国帕拉丁影视公司在北京专家的推动下于2003年11月带头来普陀拍摄郑和下西洋专题片，重现了中国古代木帆船的建造和航海形象。随后南京电视台与中国华艺影视公司在2004年5月开始航游南京、太仓、福州三港，联合摄制《纪念郑和下西洋六百周年》专题系列片，在采用"绿眉毛"实施海上水路拍摄之后，引起了海内外许多影视单位和公司的关注。美国国家地理频道、历史频道，日本NHK，韩国KBS，英国BBC和中央电视台等于2004年至2007年间先后来舟山，登上"绿眉毛·朱家尖"号船，拍摄相关航海历史的纪录片。

2005年7月，舟山"绿眉毛"传统帆船终于迎来了因天气原因拖延多时的美国国家地理频道摄制组。从上午7点钟一直到中午十二点半，摄制组在船上拍摄了五个多小时，用电影胶卷记录了中国传统木帆船舟山"绿眉毛·朱家尖"号的神韵，作为《郑和》纪录片的主线和重头戏，该纪录片已于2006年在美国国家地理频道播出。这次美国国家地理频道在普陀沈家门渔港拍摄舟山"绿眉毛·朱家尖"号传统木帆船活动，是普陀区当年的一项重要外宣活动，也是一次海洋文化的高端聚焦，是充分展示舟山"渔都港城"、"舟楫故里"和打造沈家门渔港国际品牌的很好途径。中国浙江舟山普陀沈家门渔港，中国浙江传统木帆船不但使中国公众有所了解，而且开始让世界公众知晓。

2005年10月，为了完成郑和下西洋中有关中国船文化的一档节目，日本主流媒体NHK电视台摄制组一行对"绿眉毛·朱家尖"号木帆船进行了实地拍摄采访。电视片制成后，在2006年2月1日和2日两天分上下集播出，受到日本观众的广泛好评。事后，舟山"绿眉毛"航海队队长胡牧收到了日本NHK电视台邮寄来的两张光盘和一封感谢信。信中介绍说，"绿眉毛·朱家尖"号木帆船参与摄制的一档郑和特别节目在日本受到了观众的广泛好评，为此特表感谢。

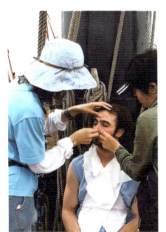

《马可·波罗》电影拍摄现场

2006年7月，加拿大与美国影视公司联合拍摄史诗电影《马可·波罗》，全部海景船影都利用"绿眉毛·朱家尖"号在舟山海域实拍。著名英籍导演凯文·考曼亲率扮演马可·波罗、阔阔

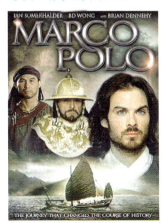

《马可·波罗》海报上"绿眉毛·朱家尖"号的身影

真公主及元朝高官等英国、美国、新加坡籍主要演员在船上的演出镜头，十分抢眼。2007年6月开始在北美地区利用数字电视频道正式播放。

2007年4月，英国BBC和央视合作拍摄大型奥运宣传片《美丽中国》，在英国BBC的镜头里，"绿眉毛"被看作是迄今为止仍活跃在海上的中国最美丽的传统帆船。

2007年12月，经国家广播电影电视总局批准，英国大梦幻制片公司受美国历史频道的委托，制作六集10小时系列片《古代探索》，其中一集《中国古船》，在中国的江苏、浙江拍摄。由中国国际广播电台陪同的英国大梦幻制片公司摄制组于12月对普陀区的古船文化进行专题拍摄。英方摄制组在舟山"绿眉毛"航海队队长胡牧的陪同下，到沈家门新港船厂，拍摄正在船坞中检修的舟山"绿眉毛"传统木帆船，并对普陀的造船大木师岑全富、岑国和进行了现场采访。摄制组同时在莲花洋拍摄了白沙乡政府的"大捕船一号"浙江传统木帆船及它在海上的航行姿态、船工们调舵驶帆等传统的航海技艺。该系列片已于2008年3月份在美国历史频道播映。

舟山"绿眉毛"传统木帆船对海内外主流媒体产生的文化吸引力，不是偶然的，因为它集聚了中国优秀木帆船制造工艺和悠久舟船航海文化。几年来，该仿古船走南闯北，航程万里，带给公众的不仅是视觉盛宴，更多的还是它的海洋文化魅力，"绿眉毛"传统木帆船扬帆远航的风姿无处不在，分外耀眼，成了在中国海面上出镜率最高的传统木帆船明星，赢得了很高的中华传统文化地位和海洋旅游品牌价值，确实不容忽视。她经历了国家为纪念郑和下西洋六百周年航海活动，经过几年来扬帆中华、出访韩国的长航实践，不但传承和保护了传统古老的舟船和航海技艺，更触动了中外媒体的视角，这艘重生的舟山"绿眉毛"传统木帆船，被公认为当今现存的最宝贵的人类历史文化遗产之一。

[叁]仿明福船的价值与影响

仿明福船落户中国航海博物馆，充分体现了它的价值与影响。

一、工程的由来——中国航海博物馆的创意与决策

2006年起开始筹建的上海中国航海博物馆（下简称"海博"），在筹建初期，筹建组领导与专家们就在考虑要展示一艘能集中反映中国古代造船和航海科技文明的实船。根据"海博"的展厅建设和布局规划，中央大厅有36米长度、36米宽度和足够的高度。"海博"领导下决心复原仿

陈展于中国航海博物馆中央大厅内的"仿明福船"

造一艘中国古代典型木帆船，利用这最佳空间予以展示，作为重点展品，使观众感受我国古代航海造船技术的发展。有的专家认为，这将使中国航海博物馆拥有完整的复原遗产性仿古木实船，与世界同行相比拥有极大特色。也将使国内外观众在进入博物馆后，一下子便被这一中国古代辉煌实船所震撼，从而产生对我国古代造船和航海科技文明的崇敬。

二、科学民主选型汇集了全国专家的智慧——船史学术界积极参与

2007年，"海博"提出古代实船展示项目要求之后，各方面热烈响应，提出的建议备选船型方案有：大号宝船、"二千料"宝船、封舟、明代福船、清代沙船、宋代海船等多种。"海博"委托中国造船工程学会船史研究学术委员会（下简称"船史会"）组织优选。经采取发函征询意见和专题会议研讨，通过两轮研究评估确定选型为高仿制明代福船。在参加研讨中舟山普陀造船匠师和专家们理解的选型原则有下述几点：

1. 展示要求1∶1实船，既可全貌宏观陈列，又可登船实地参观，保证展品兼具历史价值、科学意义和观赏作用。

2. 明代是中华传统木帆船技术发展的巅峰时期。在明代中后期又有相当的文献史料，可作为复原仿制古船的历史依据。

3. 福船作为中国尖底海船的优秀代表，其功能作用不仅限于远洋货物运输，同时在历史上也曾作为战船、商船、渔船、官船等各种用途广泛使用。宋代以来，福船还被选定为我国外交使臣出访海外的最佳坐船，历史上有名的北宋神舟与客舟、元代刺桐海舶、明代封舟、明代郑和下西洋的宝船及明末清初民族英雄郑成功以厦门、金门为基地收复被荷兰占领的宝岛台湾，其庞大的商船和战船舰队大部分是从民间征集的福船。新中国成立前夕，福船型木帆船配合解放军收复被占领的各海岛的战斗。新中国成立后，参加社会主义建设，福船也作出过积极的贡献。

4.明清之际"封舟"执行中国与琉球海上友好交往的重任，前后历时四百二十六年，在中国与世界航海史上具有重要影响。明代福船被采用为封舟，与这个历史背景紧密相联，其功能均为作为特使使用的官船，也曾被称为宝船，可使展示船更富有历史积淀与内涵。

5.展示实船要以我国传统工艺，确保实船从整体外形、尺度比例到结构细节都能体现我国古代舟船外形、结构和工艺特色。使展示船既具有一定复原仿古度，也有相当的仿制历史文物遗产性质。

三、招投标深化了考证研究与复原设计——岑氏木船作坊依靠"海博"和专家挖掘历史遗产

2008年4月，"海博"正式发出"高仿制明代福船"项目招标文件，江苏常熟湖海古船研究工作室、福建上游船舶钢结构有限公司、浙江岱山县南海船舶修造厂、浙江岑氏木船作坊等四家单位应

标，其中后三家单位按时于5月20日投标。经"海博"委托上海市上投投标公司组织专家审定，岑氏木船作坊认真研究制作标书，曾专门走访请教福建师范大学有关历史专家徐恭生、博朗教授，又邀请北京郑和下西洋研究会古船研制工作委员会造船专家郑明海军少将、倪鹤鸣高工等反复讨论，以报价合理、方案科学优秀、考证依据符合历史等，于2008年5月底获批中标。

高仿制明代福船的设计由岑氏木船作坊会同浙江省海洋水产研究所船舶设计室承担，该室主任郭观明高工亲自主持设计。在中标后由"海博"组织邀请专家对投标方案设计提出评审意见，主要是将全船总长延伸为31.3米。 其依据是山东蓬莱1984年出土的元末明初古战船复原总长约32.2米，而蓬莱2005年出土的明代古船复原总长约为33.85米。但又受中央大厅空间限制。同时对各主要部位结构形式、尺度、连接方式、选用木材、工艺要求等也补充提出了十余条重要建议。随后由设计、建造单位在设计建造中结合实际情况，认真地予以实施，使该船从开始设计就尽可能地吸取全国有关专家的智慧。

四、"海博"加强领导，岑氏木船作坊与浙江省海洋水产研究所精心设计，实现较高复原性的仿明福船设计

船型与主尺度具有中华传统木帆船的最重要特征，该船为木质单甲板，有底平台、强龙骨、大纵筋、单舵、尖底、尖艏、小平头、宽艉、有虚艄、高艉楼、艏升高甲板、三桅帆式仿明代福船。主尺度总长31.3米，水线长22.59米，型宽8.2米，型深3.1米，吃水2.1米，排水量224.6吨。

该船主要布局在主甲板下，共设十三道横隔壁，充分反映中华传统木帆船的结构与布局特色。自艉至艏依次为艉舱、后淡水舱、粮舱、第三货舱、第二货舱、第一货舱（各货舱可视需要调整为牲禽舱、柴草舱、军火弹药舱等）、后船员舱、中船员舱、主桅与前船员舱、帆缆舱、前淡水舱、前桅舱、活水艏尖舱（俗称"太平舱"）。从后面的粮舱到前部的帆缆舱，底平台下面都设有压载舱。

主甲板上艉楼内设有厨房、卫生间、官厅（使臣、官员办公和接待外国贵宾之厅堂）及针房（安置罗经，存放航路针簿等之处）等，可作仿古设施；主甲板上设有橹及挑台、仿古天窗、出入舱口、主桅、绞关、艏桅、木石锚碇、系缆桩柱等。

艉楼甲板上设有操舵装置、神堂（祭拜海神用）、公堂（存放诏书、文书、礼品、宝物之处）、伙长舱（船长及官员住舱）等。

将台甲板上设有后桅、兵器架、金鼓架，竖有各种旗帜，围以仿古栏杆及藤牌，显示官船气派。艉楼左右两舷外侧各吊挂有俗称"脚艇"的小木艇一艘。

船员编制设定为四十人，考虑古代住舱层高较低、仅供卧休、可设双层等情况，而且有些货舱尚可增加铺位，全船可携载居住人员可达八十人以上。

桅帆装置是中华传统木帆船的重要特征。参照古籍图形、祖传经验和科学验算，确定选用四角矩形硬式纵帆及直立式桅，主桅长约26.4米，底径为0.65米，主帆展开面积约148平方米；艏桅长约19.5米，底径约0.45米，艏帆展开面积约为68.5平方米；艉桅长约12.0米，底径约为0.2米，艉帆展开面积约为26.2平方米。共设卧式绞关三处，直径0.35米，供升降帆与起抛锚用；配9米长弓形橹四支，供无风时驶船。

舵板及操舵装置也是中华传统木帆船的重要特征，又是最古老的发明。本船采用非平衡木质挂舵一扇，舵叶面积约13平方米，舵杆长约11.5米（宝船厂遗址出土舵杆长约11米），舵杆直径约为0.38米，舵叶可升降，约1.2米，有专用绞关司控制，其直径约为0.2米。锚兼有铁锚和木石碇，吊挂于艏部，以绞关司起抛。

主要结构：龙骨剖面为420毫米×400毫米，龙骨翼板左右各两道，剖面为150毫米×290毫米至110毫米×220毫米，舷侧大拉纵材左右各三道，剖面为280毫米×550毫米至240毫米×450毫米，肋骨剖面为120毫米×220毫米，甲板横梁剖面为140毫米×200毫米，横隔壁板厚达100毫米至150毫米，形成合理的纵横结构，体现中华传统木帆船的坚实强度。

主要艺术绘饰：艏部绘有虎头与旭日高升；尾部绘有大鹏展翅

等体现"花屁股"的特色；舷部前端饰有龙目直望前方。防波舷墙构筑为城垛状并开设或绘有方形两色炮口。

五、岑氏木船作坊刻意整理了展示仿古木帆船有关构件、属具的民俗称呼与学术用词对照

先选取十余项示例，并注明了一些结构选材与工艺特征，供陈列展示时向各界人士介绍并可探讨，以逐步全面收集、整理。

帆：又名篷。我国古代的斜绗"四角形"硬式带撑条，半平衡整体纵帆，结构简单，使用方便，性能优良，除了正面风以外其余各方面来风，通过转动船帆的角度，调整帆船行驶航向，便可推动船以"之"字形航行。帆棕红色，选龙眼树干，在大锅内煮，颜色到位后，用手工经过多遍染制而成。因树干中树胶渗入布中，增强了布的性能，结实耐用。

碇：锚。坚固硬木与重石结合构成木石锚，后发展用铁质的四爪锚，明清代才广泛使用。锚索为棕制，因棕绳不怕水，浸水更结实。

桅：选用优质高大的松木和杉木制成，承受风帆带来的风力推动船航行。桅杆头主滑轮、猴（小滑轮）、料母头（收放风的主滑轮）选用龙眼树头制成。桅杆头的笠因为酷似草帽而得名。而桅杆头形状，各时期和不同地区都不尽相同，风格各异。

绞车：又名碇车、帆车、舵车等，是升降风帆和起落碇舵的装置。车身（轴）选用坚固硬木，车座为梢木。

六耳：即主桅杆座，硬木，左右两根立柱（桅夹）直插入船底紧紧抱住桅，使桅杆与船体融为一体。

大梁：即横隔壁顶上的主横梁，用松木制成，船体主要横向结构，每两道横隔壁构成一个水密舱。大梁设有排水槽、排水孔，与甲板上设的排水孔构成排水系统。

甲板：分上下两层，上层为活动甲板，下甲板分成若干格子。

鸭舌：即艏锚缆桩，因其形状似鸭舌而得名，用坚固硬木，以便挂碇，是闽南古帆船的一种风格。

盖根：即套筒，硬木耐磨，承接锚缆上下起落与拉动作用。

秀面：即照水板，用梢木，涂装油漆时候画有很多图案，民间把龙的意念赋予船头，船眼曰龙眼。秀面画有白色圆形图案，故名"龙吐珠"等。龙须起横向加固舷船板及装饰效果。

船眼：有很多讲究，突出的双眼（龙眼）眼珠朝上是战船的特征，商船则朝向前方，而渔船则朝下看守鱼群，又可吓阻海怪。

椮（龙骨）：由龙须、后凤尾支撑组成，龙须支撑秀面，用梢木，凤尾支撑后尾形，用梢木，龙骨也用梢木。梢木含有天然油脂，不容易腐烂虫蛀。龙骨是整条船结构最主要的构件，直接影响船的性能和使用寿命。

大、小椻：又名副龙骨，半圆形，用松木，左右各四根或更多，也可用整根杉木对半开，固定在肋骨上，有防止海浪冲击、减摇、稳定船的作用。椮、大小榀和肋骨是船的纵横骨架。

大筋：又名红、黄、黑榀，用半圆形松木，起水面以上船舷的纵向加固作用。

水仙门：即逃生门，是船与外界出入的通道口。

舵：可升降平衡，是中国古代木帆船最优秀的发明之一。用以控制航行方向，同时还可借助帆与橹的带动，共同发挥平衡稳定的作用。舵杆、绞车用硬木，用于升降舵，遇到浅滩、礁石，可及时调整舵的深度。

后八字：即依戗，为舵板框架结构，用梢木，选择天然弯曲树干，整根对开制成。后八字起到肋骨与梁的作用，支撑船的尾部，特别适合在有较大风浪的大海中航行。

下金：即舵肿，舵下部支撑座，用樟木，丌口便于舵的提升。

摇橹孔：在左右舷两边，橹杆眼类似圆尖形的球头，采用铁质，橹手用倒头杉木，橹叶用硬木制成。

六、在舟山和上海紧张组织仿明福船工程按期完工交船

2008年下半年，在"海博"的指导下，在舟山市、普陀区两级政府大力支持下，岑氏木船作坊在合同经费尚未及时批拨的情况下，急国家所急，边组织设计，边采购木料，边改造场地，边培训工匠。9月9日在舟山普陀船厂工地现场隆重举行开工典礼，上海"海博"负责人丛建国、舟山市副市长王忠志、普陀区委书记吴晓东、副区长方维、

文化局局长张剑飞，特邀造船专家郑明少将、席龙飞教授等参加，工地上彩旗飘扬、红色充气环形门内以舞狮和开锯龙骨方木作为传统木帆船开工的标志，很有地方民俗特色。启动仪式后，抓紧对木构件下料、加工成型，龙骨与肋骨、横隔壁等还组织试预装，主桅杆、大舵杆等大构件全部预制成型。12月5日完成制作的大型船模由"海博"送到交通部办公大厅展示，受到好评。原计划2008年11月进博物馆现场组装，因场馆土建工程推迟，延至2009年8月才进入"海博"馆内现场装配施工，又经加班突击，终于在2009年12月25日完工。2010年1月"海博"组织监理人员和专家对工程组织了详细检验并提出了补充建议，岑氏木船作坊又派工人去现场进一步完善该工程。2010年5月12日至15日，"海博"专门组织专家组进行总验收，给予高度评价，同意正式验收，保证"海博"在2010年7月正式开馆展出。

七、岑氏木船作坊在2003年至2009年五年仿造五个朝代的五型、五艘古船，即仿宋"绿眉毛"，仿隋"遣隋使"船，仿唐"鉴真"号船，仿清"安福舻"和仿明"福船"等中华传统木帆船，在实践中获得五条体会与理念

1. 抓住重大历史纪念活动机遇，向社会和公众提供尊重历史、依靠科学、注重实用的中华传统木帆船的实船或大模型，坚持弘扬中华民族海洋与舟船的优秀传统文化。

2. 依靠专家学者考证，培训新一代工匠，主动为有关地方和文

博单位复原仿造历史知名古船,立志保护、保存、传承中华舟船历史
遗产和非物质文化遗产的制造工艺。

3.立足浙江舟山普陀,深入挖掘本地舟船历史文化资源,积极
为浙江舟山新兴海洋文化及旅游产业,开发古今融合的中华特色帆
船和游艇。

4.虚心向国内有关企业、专家、匠师学习,广泛积累舟船历史科
技资料和经验,推动古今技术结合,制定相应的木船规范,使木帆
船作坊在保持传统手艺的基础上,走向现代化、科学化、规范化。

5.扩大国际交流,争取为海内外客户服务,建造中华特色帆
船、游艇及西洋式木质运动帆船游艇,迎接中华传统木帆船复原仿
造的新局面。

中华传统木帆船保护
与创新的前景

普陀传统木帆船制造技艺现已列入国家级非物质文化遗产保护项目，应依托岑氏木船作坊等代表性传承基地，进一步加强保护与传承。同时，也可努力推动其发展，使之成为一项融合传统木帆船修造产业和现代海洋文化旅游产业的新兴产业。

中华传统市帆船保护与创新的前景

[壹] 传统木船制造技艺的保护与创新

一、坚持传承与适当创新的体会

普陀传统木船制造技艺，是不断发展和演变的。进入21世纪，纳入国家级非物质文化遗产，实现了对其的抢救和复兴，更促进了其传承和创新。岑氏木船作坊在政府的支持、引导下，自身坚持传承、积极开拓、适当创新。主要体会有：

1.在传统木船制造技艺中，坚持用传统木材，但又兼顾选用本地或外国的树种。首先要保持大量选用历史上采用过的原始传统木材或史书文献中规定的当地木材种类，如樟木（隔壁）、杉木、松木（龙骨）、梓木（底板）等，但也要有条件地利用世界上优秀的热带森林树种，科学合理地引进采用，如巴劳、菠萝格等，可以使船体结构更坚固，更耐海水腐蚀，还可延长全船使用寿命。有些构件以原木直接弯曲成形有难度时要选用弯木，也可以采用加压胶合成形木材制作等。因为复原仿造古船，保持木材结构是基本的，树种、木类则可以适当灵活处理，这也是传承中的一种创新。

2.在传统木船制造技艺中，坚持祖传手工技艺，采用手工具，又适当吸收融入部分合理可行的现代先进造船科技和工艺。为体现真实复原古貌，要坚持沿用手操施工工序，而为了讲求提高质量控制、加强检验监督，以改善文明安全生产、提高施工效率，也可适当改革创新。如大块木板锯解可采用电动工具，效率高、规格整齐；大型构件框架吊装可采用起重机械等。为了严格检验捻缝质量，可以采用压缩空气吹试法等，这些是传承中的另一种创新。

3.在以传统木船制造技艺复原古代传统木帆船中，坚持原古木帆船型制、主尺度、结构，合理吸收现代木船规范要求及创新技术。在处理板、梁、桁材的连接上，除了传统的平头对接、搭接，还有多种同口连接，有的就辅以钉锔或者螺栓，确保加固。

4.在传统木船制造技艺中，坚持原始祖传木船工序流程，但可以经过适当整合，进行科学调整、合理划分，更有利于规范生产。

二、传统木船制造技艺在传承中发挥的作用

普陀传统木船制造技艺在为舟山普陀朱家尖风景管委会复原建造"绿眉毛"号传统木帆船，相当于仿宋代鸟船的工程中崭露头角，随后又推动普陀区有关镇乡在2006年把本海域最流行的打洋渔船、大捕渔船、大钓渔船都按传统外形、尺度、结构、工艺建造出来。在这些工程中，传统木船制造技艺的有关工匠，被凝聚起来，其匠师类别如图所示：其中把作师相当于总建造师，把墨师承担打样画线设计，大木工承担制作船体构件等，小木匠承担细木

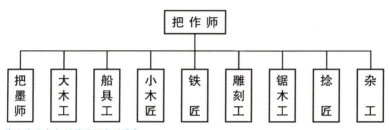

普陀传统木船制作匠师类别图表

制作装饰等，船具工承担舵、桅等重要配套属具，铁匠承担制作锚具和各种钉锔，雕刻工专作艄、舭雕刻彩绘等，锯木工承担锯解木料，捻匠承担制作麻丝桐油灰、捻板缝等，杂工承担搬运、起重等也是重要工种之一。目前，岑氏木船作坊已稳定地保存了二十余位各专业工匠。

　　普陀木船制造技艺在得到当地政府的大力支持下又积极向外拓展，为京杭大运河"申遗"与北京奥运作出了贡献。在各有关港城为弘扬海洋文化，探寻发挥舟船遗产的作用中，岑氏木船作坊主动从舟山普陀走向祖国四方，以传统木船技艺和各地有关学者进行交流，共同挖掘和开发古代有名舟船的历史文化资源，参与和支持了古代造船航海历史研究学术活动。

[贰]传统木船的发展前景

　　舟山市普陀区从2006年初组织调查并向省市、文化部申报"传统木船制造技艺"为非物质文化遗产保护项目。2007年6月，由浙江省人民政府公布、浙江省文化厅颁发为"浙江省非物质文化遗产"项目,同月,舟山市文化广电新闻出版局授予岑国和"民间艺人"称号。2008年6月,舟山市文化广电新闻出版局授予岑氏木船作坊"舟山市非物质文化遗产传承基地"称号。2008年6月"传统木船制造技艺"被批准列入第二批国家级非物质文化遗产保护名录。

普陀岑氏木船作坊在2010年3月15日改制为舟山岑氏木船制造有限公司后,委托杭州潘天寿环境艺术设计有限公司承担其企业发展的近期、远期规划设计策划方案。其中,近期规划为继续利用扩租渔轮修造厂弃置车间,使公司作业与仓库面积连同古船模、旧船文物展厅等扩展达到3000平方米,比原租车间场地扩大近一倍。预计投资约40万元,在2010年内实现全公司作业区具有安全条件、文明环境及古朴风貌。现正自筹资金扩建中。

下一步远期规划,是为了适应在本地和全国进一步保护、传承和发挥浙江中华传统木船制造技艺在文化与经济建设方面的作用,适当规模地开拓市场,承接古今中外木船制造任务。预计公司作业面积需扩大到20亩地,新建投资1200万元左右,可以分别在五至八年内逐步实施。尚待有关部门研究支持。

在策划厂区发展的同时,岑氏木船作坊,也对传承接班人才提出了初步设想:现已选定一人主要培训钻研传统木船电脑设计绘图;一人主要培训钻研企业财务管理、木船成本核算;一人主

要培训行政事务对外联络，兼学制帆；一人主要培训钻研木船手工艺技能，向大木匠师方向努力。这些人才大体是四十岁以下和三十岁左右的中青年，预计在经历三至五年由岑氏父子亲自培训并实践锻炼后可望成为该"非遗"项目的传承人选。

为了更好地凝聚、巩固并适当发展现已招聘的专业木船制造技艺工匠，公司还打算制定木船匠师等级评定办法作为试行，且与工资挂钩，也作为保护木船制造技艺遗产的一项组织措施，争取逐步得到地方政府和行业组织的认可。

舟山市普陀区作为国家级"非遗"项目普陀传统木船制造技艺的申报单位和保护单位。建议区领导和主管单位进一步开展调研论证，在岑氏木船作坊上报其近期、远期发展规划设计、策划方案后，组织有关专家评审并给予正式批复。从划拨厂区土地、财政投资等方面都给予大力支持。同时要加强对公司经营方向的正确引导，对传承人家族相关人员的全面素质培训，明确作为"非遗"传承项目单位的社会责任，力争在五年左右将之建成为一个既有传统木船技艺，又有"非遗"特证，还有现代管理体制的木船制造传承基地，而且逐步发展成为一项融合传统木船修造产业和现代海洋文化旅游产业的新兴产业。

一、争取以复原传统木船的技艺，配合国家重大"申遗"活动

国家文物局已组织我国八省市正酝酿以京杭大运河和五古港

对海上丝绸之路两项个重大项目联合申报"世遗"活动，这是对我国及世界历史都具有重大影响的文化建设。而在运河和海路中航行并承担运输任务的历代舟船都是其中关键的最活跃的因素，需要引起有关领导和学界的足够重视。为完整地实现"申遗"，加强沉船打捞与水下考古是十分紧迫的。而且有必要在积聚相当历史文献和考古文物后有计划地对各地区、各朝代的典型河船和海船进行复原重造。复原历代典型名船工程，不仅可供各地博物馆展出，也可形成有关港城水上浮动历史文化地（水）标象征。传统木船制造技艺的传承和创新在国家这项重大任务中可以申请安排任务使之发挥相当的作用。

二、以中华传统木帆船装点祖国江海，推动全国弘扬舟船文化

浙江省有关部门在支持传统木船制造技艺的保护与传承中，还十分关注其可能的创新与推广，正在把普陀岑氏木船作坊在国内已领先的木包钢结构工艺加以科学总结，制定工艺规范流程。为传统中式帆船更好地按现代航海安全要求，走向大海，走向世界，开辟科学规范的道路；又能开创持续适量生产传统中式帆船条件和节约木材等自然资源的措施。

目前，已在京杭大运河北京通州段航行供观光的"安福舻"号仿清皇家游船和交付普陀山可在舟山群岛海域航行的"不肯去观音"号仿古游船，都是先行试点的成功典型。这也就为全国各

地以中华传统木帆船来装点祖国美好江河湖海做了示范, 创造了一种把现代科技创新融入传统舟船文化的新模式。

三、以中国传统帆船多样化活动, 促进"舟楫故里"称号名至实归、享誉世界

舟山市委提出舟山市是"舟楫故里", 寓意深, 要求高。从普陀传统木船制造技艺的传承与创新上可以有多方面的联想。首先是把已列为国家级"非遗"传承基地的舟山普陀岑氏木船作坊, 办成一个新兴的海洋旅游文化产业和中外木船建造产业相结合的在全国有影响的木船制造基地。其次是以普陀岑氏木船作坊和区属浙江省东海明珠影视演艺公司拥有的多艘传统木帆船为骨干力量扩充, 发展建立中国航海历史影视片拍摄基地, 使其兼有陆上仿古景观、海上传统舟船等完整的陆海统筹的影视实拍环境。第三, 引导、整合舟山现有游艇帆船俱乐部、会所等, 培养典型单位组织利用舟山特色的传统木帆渔船, 开展休闲观光、渔钓活动, 利用浙江传统木帆船, 开展民族航海水上体育竞赛活动, 把全国已兴起的游艇帆船产业, 在舟山开创成融入中国传统木帆船的特色产业。第四, 要在舟山已有的渔民画、船板画、海滩沙雕艺术品等传统海洋文化创作的基础上, 强化发挥中华传统舟船及其衍生产品的艺术魅力, 引领组织本地并吸收外地的美术家聚焦于海景舟影, 以海洋、舟船为题材的绘画美术艺术创作活动, 绘制出渔业、航运、造船等行业在历史和现实中征服大海、开发大海的各种动人情景。

四、深入调查、抢救保护尚存于浙江沿海民间的传统木船，使"非遗"保护工作更加深入

舟山普陀海区在上世纪曾聚集过成千上万艘本地与外地的传统木船，它们在生产领域中已退出历史舞台，经历几十年的自然和人为淘汰，大部分都不为人知。据一些有心人士反映，舟山渔港中可能还遗存有"绿眉毛"改良型全木结构机动船，而浙江沿海至今还有个别渔民船户坚持保护自己的木帆船，并在海上进行有关作业。为把国家级"非遗"项目传统木船制造技艺的保护传承工作做得更为科学和有效，对上述信息建议有组织地进行深入调查，把具有文物性的遗存木船发现、挖掘出来，采取特殊措施予以保护是必要的，这也应列为浙江省文物普查工作的内容。

舟山渔民画：火烧船底附着物，以防船板腐蚀

参考文献

王冠倬：《中国古船图谱》，三联书店，2000年4月。

【美】V. A. Sokoloff：*Ships of China*，第1版出版于1981年，澳门海事博物馆、葡萄牙大西洋银行再版于1989年。

【英】IvonA. Donnelly：*Chinese Junks and other native craft*，China Economic Review Publishing CHKJ Ltd for Earnshaw Books,2008，第一版 出版于1924年。

顿贺等：《宝船探秘》（郑和下西洋科普丛书,船舶篇），科学出版社，2005年7月。

尤飞君：《中国古船图鉴》，宁波出版社，2008年6月。

辛元欧：《中外船史图说》，上海书店出版社，2009年5月。

辛元欧：《上海沙船》，世纪出版集团、上海书店出版社，2004年第一版。

浙江大学沈弘工作室、舟山市普陀区档案局（馆）：《舟山地区晚清和民国时期历史图鉴》，2009年3月。

《舟山日报》:《中行杯·海选60年经典瞬间获奖作品（1950.5.17—2010.5.17）》。

叶文清:《时代的缩影——舟山城市建设》,中国文史出版社,2005年5月。

《回眸昨天引领明天——沈友才摄影》,中国文联出版社,2003年11月。

浙江省军区、舟山市人民政府编印:《东征——纪念舟山解放五十周年画册》,2000年。

舟山市普陀区档案局编印:《中国普陀·百年渔港》,2009年9月。

张嘉塯:《张嘉塯海洋画选》（海上丝绸之路与郑和下西洋画系列）,海洋出版社,2008年4月。

李海涛:《蓝色国土》、《海疆万里图》、《中国海洋画集》,天津人民美术出版社,2009年12月。

郭献忠:《石塘风情》,中国文联出版社,2007年12月。

〔日〕松浦章著，郑洁西等译：《明清时代东亚海域的文化交流》，江苏人民出版社等，2009年11月。

一机部船舶产品设计院主编：《中国海洋渔船图集》(内部资料)，上海科学技术出版社，1960年1月。

唐志拔：《中国舰船史》，海潮出版社，2008年11月。

席龙飞等：《船文化》，人民交通出版社，2009年。

朱惠勇：《中国船文化》，杭州出版社，2003年。

姜彬、金涛主编：《东海岛屿文化与民俗》，上海文艺出版社，2005年6月。

福建省交通厅主编：《福建省木帆船舶型汇编》，1959年。

舟山市普陀区非物质文化遗产保护中心：《普陀非物质文化遗产（图文卷）》，2008年10月。

普陀区政协教文卫体与文史委编：《普陀渔船史话》（《普陀文史资料》第二辑），2009年5月。

173

普陀区政协教文卫体与文史委编：《中国海港沈家门》（《普陀文史资料》第一辑），2005年12月。

舟山市政协文史和学习委等编：《文史天地》，中国文史出版社，2008年3月。（《舟山文史资料》第十一辑）

殷文伟、季超编著：《舟山群岛　渔船文化》，杭州出版社，2009年6月。

张捷主编：《话说沈家门渔港》，浙江大学出版社，2009年11月。

孟阿荣主编：《普陀涛声》，人民日报出版社，2005年11月。

方牧编著：《浙山越水普陀潮》，中国广播电视出版社，2005年9月。

姚碧波主编：《文人笔下的朱家尖》，中国文联出版社，2003年11月。

郭万平、张捷主编：《舟山普陀与东亚海域文化交流》，浙江大学出版社，2009年11月。

忻怡：《风从东方来》，人民日报出版社，2008年6月。

孙和军：《走读千岛》，内蒙古人民出版社，2006年11月。

孙和军：《阅读千岛》，京华出版社，2008年8月。

中华民族文化促进会编：《中国非物质文化荟萃》，2007年。

台湾成功大学公共事务研究中心：《台湾船复原》，2007年8月。

舟山市委宣传部等编：《海山增辉》，2002年12月。

方伦新、邬永昌等：《碧海金沙桃花岛》，海潮出版社，2001年5月。

舟山市普陀区文化广电新闻出版等编：《沸腾的渔港——第三届中国沈家门渔港国际民俗大会荟萃》，2005年8月。

舟山（顾圣飞 责编）：《海天佛国渔都港城》，2004年12月。

一目：《漂在海上的船文化》，原载于《风景名胜》，2005年7月。

浙江省舟山市普陀区朱家尖风景旅游管理委员会编：《绿眉毛·朱家尖号——中国最大的仿古木帆船》，2003年。

浙江省舟山市普陀区朱家尖风景旅游管理委员会编（张公岳、胡牧策划）：《绿眉毛——传承最骄傲的海洋记忆》，2004年。

杨文忠、罗可歌等:《访韩速记——"绿眉毛·朱家尖"号赴韩国访问》,2007年。

普陀区委宣传部编(张捷主编):《东方渔都——普陀》(摄影集),2009年1月。

普陀区人民政府编:《普陀》(摄影集),2009年。

岑国和、忻怡等编:《百年岑氏 大海传奇》,2009年10月。

舟山市文化广电新闻出版局等主办:"舟山解放60周年图片展",2010年5月。

郑明、张春宇:《中国宝船构建能通向亚非的海上丝瓷之路》,原载于《郑和与非洲》(中国社会科学出版社),2010年12月 。

郑明、贾铁甲等:《中国仿明代郑和宝船是国际郑和研究的新成果》,2010年7 月马六甲第一届国际郑和学术会议。

北京郑和与海洋文化研究会编:《20世纪末以来我国兴起纪念研究郑和下西洋活动的回顾与展望——北京郑和与海洋文化研究

会活动纪实》，2010年3月。

郑明、桂林瑞、张嘉埙等：《中国"水景舟影画"、"海船画"与中华民族传统船文化渊源的探索研究》，2010年6月。

郭振民：《舟山渔业史话》，中国文史出版社，2007年3月。

张立修、毕定邦主编：《浙江当代渔业史》，浙江科学技术出版社，1999年2月。

《舟山渔志》编委组编：《舟山渔志》，海洋出版社，1989年6月。

陈其恩：《石塘风情——温岭海洋文化》，人民日报出版社，2006年11月。

刘宁生、郭廷详：《帆船理论与实务》，海洋台湾文教基金会、台北市帆船协会，1996年10月。

〔英〕H. G. 哈期勒、J. K. 麦克劳德著，王予和译：《实用中式帆装设计与使用》，海洋出版社，2008年12月。

分册编委会

责任编辑：方　妍

装帧设计：任惠安

责任校对：朱晓波

责任印制：朱圣学

装帧顾问：张　望

图书在版编目（ＣＩＰ）数据

　　普陀传统木船制造技艺/忻怡，郑明主编. —杭州：
浙江摄影出版社，2012.5（2023.1重印）
　　（浙江省非物质文化遗产代表作丛书/杨建新主编）
　　ISBN 978-7-5514-0028-2

　　Ⅰ.①普… Ⅱ.①忻… ②郑… Ⅲ.①木船-传统工艺-
介绍-舟山市 Ⅳ.①U671.72

中国版本图书馆CIP数据核字（2011）第270262号

普陀传统木船制造技艺

忻　怡　郑　明　主编

全国百佳图书出版单位
浙江摄影出版社出版发行
　　　　地址：杭州市体育场路347号
　　　　邮编：310006
　　　　网址：www.photo.zjcb.com
经销：全国新华书店
制版：浙江新华图文制作有限公司
印刷：廊坊市印艺阁数字科技有限公司
开本：960mm×1270mm　1/32
印张：6
2012年5月第1版　2023年1月第2次印刷
ISBN 978-7-5514-0028-2
定价：48.00元